Rezepte und Geheimnisse aus der KLOSTERKÜCHE

Laurence und Gilles Laurendon

REZEPTE UND GEHEIMNISSE aus der KLOSTERKÜCHE

GEMÜSEGARTEN, KÜCHE,
HEILKRÄUTER, SÜSSIGKEITEN,
MARMELADEN, ALKOHOL,
LIKÖRE UND ELIXIERE

Fotografien von Richard Boutin
Illustrationen von Nicole Heidaripour

AT Verlag

Inhalt

»Das Kloster soll wenn möglich so angelegt werden, dass sich alles Notwendige, nämlich Wasser, Mühle und Garten, innerhalb der Klostermauern befindet und die verschiedenen Handwerke dortselbst ausgeübt werden können. So brauchen sich die Mönche nicht außerhalb des Klosters zu begeben, was ihrer Seele nicht gut tut.« Benediktsregel, Kap. 66, 6–7

Vorwort

Im Schutz der Klöster haben Männer und Frauen über die Jahrhunderte eine einzigartige Lebensweise entwickelt. Sie lebten zurückgezogen in ihre innere Einsamkeit, teilten den Alltag mit der Gemeinschaft und folgten ihrer ganz eigenen menschlichen Zeitrechnung. Sie haben eine Art des Kochens entwickelt, die ihrer Lebensart entsprach: einfach, schmackhaft und ausgewogen. Ihre Küche vereint in sich Eigenschaften, die auch unserer heutigen Welt entsprechen: Gemüseanbau nach natürlichen Methoden, die Frische der Produkte, ungekünstelte Zubereitungsarten ... Mönche und Nonnen gehörten zu den Ersten, die einen Zusammenhang zwischen dem Genuss von Gemüse und der Gesundheit herstellten, und ihre Kenntnisse über Heilpflanzen waren außergewöhnlich. Die Landwirtschaft und die Art des Kochens, die sie praktizierten und entwickelten, folgten den Jahreszeiten und dem Rhythmus der Natur.

Rezepte und Herstellungsgeheimnisse

Ob sie als Bauern, Gärtner, Köche, Imker, Müller, Baumgärtner, Käsehersteller, Bäcker, Weinbauern oder Destillateure arbeiteten, Mönche und Nonnen haben uns ein wertvolles authentisches kulinarisches Erbe übermittelt. Sie haben zahlreiche Käsesorten geschaffen: Pont-l'Evêque, Bleu de Gex, Livarot, Münsterkäse, Maroilles, Saint-Nectaire und viele andere mehr. Dabei haben sie die Reifungstechniken immer weiter verfeinert. Auch beherrschten sie die Kunst, Kekse, Kuchen und Süßigkeiten herzustellen. Beim Weinbau kommt niemand ohne ihr Wissen aus. Vosne-Romanée und die Weine aus Beaune gehen auf die Mönche des Klosters Cluny zurück, Volnay, Pommard und Meursault auf die Benediktiner, Clos-Vougeot und Chablis die Zisterzienser, und die Liste ließe sich fortsetzen. Käse, Brot, Wein, Elixiere, Honig, Süßigkeiten und Gebäck sind Produkte, die von ihrem hervorragenden Savoir-faire zeugen.

Kochen als spirituelle Übung

Kochen ist nicht nur eine Notwendigkeit, um die Lebenskraft zu erhalten; den Körper zu ernähren heißt auch, den Geist zu ernähren. Die Zeit des Kochens wird zu einer Zeit der Meditation, des Gebets. Die Klosterküche enthüllt unsichtbare, feine Bande mit der Familien- und Alltagsküche sowie der Regionalküche, die von vielen besonders geschätzt wird. Sie ist geprägt von einer Wertschätzung des Produkts, man kennt es und oftmals baut man es sogar selbst an. Die Küche ist die natürliche Verlängerung des Gartens. Immer gibt man dabei etwas von sich selbst; es wird etwas weitergegeben, ein Wissen, verbunden mit demütiger Weisheit.

In diesem Buch werden wir von einem Kloster zum anderen spazieren, wir werden an die schwere Tür vergangener Jahrhunderte klopfen und uns in der wunderbaren Architektur verlieren, die sich um die Klöster und ihre Gärten entfaltet. Wir werden in das Innere dieser Orte der Ruhe und der Stille eindringen. Die Gärtner Gottes öffnen und die Türen. Wir folgen ihnen und danken ihnen dafür.

Laurence und Gilles Laurendon

Die wichtigsten Orden

Benediktiner
Dieser Orden wurde 529 von Benedikt von Nursia gegründet. Die Benediktiner folgen der Ordensregel des heiligen Benedikt, die nach dem »ora et labora« Stille und Gebet vorschreibt, aber auch großen Wert auf die Arbeit legt. Benediktinermönche tragen meist eine schwarze Kutte mit einer Kapuze, die den Kopf bedeckt.

Cluniazenser
Die Cluniazenser sind kein eigentlicher Orden, sondern eine benediktinische Reformbewegung, die von der Abtei in Cluny ausging. Die Abtei von Cluny wurde 909 von Wilhelm von Aquitanien begründet. 200 reich ausgestattete Klöster wurden in ganz Europa errichtet. Die Mönche beherbergten die Pilger auf dem Weg nach Santiago de Compostela. Im 11. Jahrhundert wurde der Orden sehr mächtig und sehr reich, und manche Mönche, wie Robert von Molesme, nahmen Abstand von ihm, um wieder im Einklang mit den wahren Regeln des heiligen Benedikt zu leben. Cluniazensermönche tragen einen schwarzen Habit.

Dominikaner
Dieser Bettelorden wurde 1215 durch den heiligen Dominikus (Domingo de Guzman) begründet. Die Dominikaner werden auch als Predigerbrüder bezeichnet. Bildung und Wort sind für sie von großer Bedeutung. Während der Inquisition spielten sie eine wichtige Rolle. Dominikanermönche tragen einen weißen Habit, der mit einem Ledergürtel zusammengehalten wird.

Franziskaner
Dieser Bettelorden wurde von Franz von Assisi 1209 begründet. Die Mönche, die auch Minoritenbrüder genannt werden, predigen Demut und Armut. Franziskanermönche sind an ihrer Kutte aus grauer oder brauner Wolle, die von einer Kordel zusammengehalten wird, und eine kleine Kapuze besitzt, zu erkennen.

Klarissen
Dieser Nonnenorden wurde 1212 von Klara von Assisi gegründet. Die Ordensschwestern legen ein Gehorsams-, Keuschheits- und Armutsgelübde ab und leben in Klausur. Klarissen tragen eine Tracht mit schwarzem Skapulier und einen schwarzen Schleier (die Novizinnen einen weißen).

Zisterzienser
Der Zisterzienserorden wurde 1098 von Abt Robert von Molesme gegründet und hatte im 12. Jahrhundert sehr großen Erfolg. Zisterziensermönche folgen vor allem dem Gebot der Strenge. Für sie ist Abgeschiedenheit, Armut und Arbeit mit den eigenen Händen sehr wichtig. Sie lebten im Kloster von Cîteaux im Burgund. Der Orden erreichte unter der Leitung von Bernard von Clairvaux große Bekanntheit. Zisterziensermönche tragen eine weiße Kutte. Ende des 17. Jahrhunderts gründete Abt Rancé eine noch strengere Bewegung, die Trappisten.

Ein Tag im Kloster

Der Tag im Kloster ist nicht in mathematische Einheiten identischer Größe eingeteilt: 24 Stunden mit jeweils 60 Minuten und diese mit jeweils 60 Sekunden. Vielmehr ist dort der Tag in zwei Zyklen unterschiedlicher Dauer eingeteilt, nämlich ganz einfach in Tag und Nacht. Zwischen Winter- und Sommersonnenwende verlängern oder verkürzen sich diese Zyklen. Weihnachten ist das große Fest der Wintersonnenwende, zu dieser Zeit sind die Tage am kürzesten. Im Juni werden mit dem Fest Johannes des Täufers die längsten Tage des Jahres gefeiert.

Der Tagesrhythmus im Kloster wird durch die Gottesdienste bestimmt. Nach der Regel des heiligen Benedikt muss jeder Mönch den Herrn mindestens sieben Mal am Tag loben. Die drei wichtigsten Gottesdienste sind Vigil, Laudes und Vesper. Die anderen Gottesdienste werden als kleine Horen bezeichnet, sie finden in einem Abstand von ungefähr drei Stunden statt.

Je nach Epoche und Ort konnten die Gebetszeiten variieren.

Die Andachten

Vigil
Etwa um 2 Uhr morgens
Erinnert an die Nachtwache in der Stille der Nacht.

Prim
Etwa um 6 Uhr morgens
Das zur ersten Stunde der antiken Tageseinteilung abgehaltene Stundengebet der Prim hat sich nur noch bei den Kartäusern erhalten. Es wurde auf dem Zweiten Vatikanischen Konzil aufgrund der Doppelung zur Laudes abgeschafft.

Laudes
Etwa um 6 bis 7 Uhr morgens
Großer Gottesdienst, der in den frühen Morgenstunden bei Tagesanbruch im Chor abgehalten wird. Das erste Morgenlicht der aufgehenden Sonne überflutet die versammelte Gemeinschaft.

Terz
Gegen 9 Uhr morgens
Dieses Gebet findet zur dritten Tagesstunde statt.

Sext
Gegen 12 Uhr mittags
Dieser Mittagsgottesdienst findet zur sechsten Tagesstunde statt.
Dem Gottesdienst folgt das Mittagessen im Refektorium.

Non
Gegen 3 Uhr nachmittags
Der Gottesdienst zur neunten Tagestunde, mitten am Nachmittag, erinnert an die überlieferte Todesstunde Christi.

Vesper
Gegen 6 Uhr abends
Großer Gottesdienst zur zwölften Tagesstunde. Die lateinische Bezeichnung »Vesper« bedeutet »Abend«. Dieser Gottesdienst fällt mit dem Ende des Arbeitstages zusammen. Danach wird das Abendessen eingenommen.

Komplet
Gegen 8 Uhr abends
Dies ist das letzte Gebet des Tages, der Gottesdienst zur dritten Nachtstunde. Danach folgt die Nachtruhe.

I

DER GEMÜSEGARTEN UND DIE KUNST DER SUPPE

DIE MÖNCHE ALS GEMÜSEBAUERN

Der Gemüsegarten

Bruder Xavier öffnet das Tor zum Garten. Der Gemüsegarten ist nicht sehr groß. Er umfasst lediglich ein kleines Rechteck von sechs auf fünfzehn Metern. Er ist von Stampflehmmauern umgeben. Spalierobstbäume ranken sich an den Mauern in die Höhe. Eine Drossel hüpft am Fuße des blühenden Kirschbaums durch das Gras.

»Hier ist unser Gemüsegarten«, sagt Bruder Xavier. »Entschuldigen Sie mich bitte, aber ich muss jetzt gießen. Meine Setzlinge können nicht warten. Schauen Sie sich in der Zwischenzeit doch allein um.«

Der Gemüsegarten, für den Bruder Xavier verantwortlich ist, ist ein Wunder an Schlichtheit und Ordnung. Die Mönche bauen das Gemüse biologisch an.

Im Schuppen, wo alle Gerätschaften ordentlich aufgeräumt sind, gibt es drei Minigewächshäuser und einen alten Samenschrank aus Buchenholz. An der Wand hängt ein Kalender mit Anleitungen zum Gartenbau nach dem Mondkalender.

Bruder Xavier nimmt einen merkwürdigen Tonkrug in die Hand und taucht ihn in ein Becken, an dessen Oberfläche Entengrütze schwimmt. Als er den Krug wieder heraushebt, spritzen kleine Wasserfontänen in die Höhe.

»Ich weiß nicht, ob Sie diese Gießkanne kennen? Da das Wasser beim Ausgießen ›singt‹ oder ›weint‹, nennt man sie ›Chantepleure‹. Ich verwende sie nicht sehr oft.«

Die Gießkanne hat überall Löcher. Eine sanfte Brise weht über die Gemüsebeete.

Das Gemüse

Die Ernährungsgrundlage der Mönche bilden Brot und Gemüse. Die Mönche haben im Laufe der Jahrhunderte ihre eigene Art des Gemüseanbaus entwickelt.

Auch wenn es in den meisten Klosterbibliotheken keine Kochbücher gab, so gab es doch zahlreiche Bände über Heilpflanzen und Gemüse. Die Mönche gehören zu den Ersten, die einen Zusammenhang zwischen Gemüse und Gesundheit herstellten.

Man unterscheidet zwischen den Wurzeln, die unter der Erde wachsen, und den Kräutern, die aus dem Boden heraus wachsen. Oftmals werden die Kräuter bevorzugt; sie sind näher am Himmel und recken sich ihm mit anmutigem Schwung entgegen.

Bei Tisch besteht die Hauptmahlzeit, oft die einzige Mahlzeit des Tages, aus zwei Gerichten, die reich an Gemüse sind. Manchmal kommt noch ein Gericht hinzu, das nur aus Gemüse oder aus Obst besteht. Hülsenfrüchte und frisches Gemüse werden täglich verzehrt. Sie sind ein Schatz für die Gesundheit und werden heute auch von Ernährungsfachleuten empfohlen.

Erbsen, Spinat und Karotten

Vorbereitungszeit: 10 Minuten
Kochzeit: 10 Minuten

Für 4 Personen

4 Karotten
4 Handvoll junger Spinat
2 Knoblauchzehen
700 ml Gemüsebrühe
400 g enthülste Erbsen
2 EL Mandelpüree
2 EL Minzeblätter
Salz

Die Karotten schälen und in dünne Scheiben schneiden. Die Spinatblätter waschen und abtropfen lassen. Die Knoblauchzehen schälen.

Die Gemüsebrühe in einen großen Topf gießen. Die Karotten zugeben und 10 Minuten leicht sprudelnd kochen lassen. Erbsen, Spinatblätter und Knoblauchzehen hinzufügen. Salzen. Ungefähr 12 Minuten leicht kochen lassen.

Falls die Brühe zu dünn ist, etwas Flüssigkeit abschöpfen. Das Gemüse mit dem Pürierstab pürieren und das Mandelpüree hinzufügen. Umrühren und die Suppe in kleine Suppenschalen füllen. Die Minzeblättchen fein hacken und über die Suppe streuen. Heiß servieren.

Mit diesem Rezept wird das Wiedererwachen des Frühlings gefeiert. Frisch enthülste Erbsen, frischer, neuer Knoblauch und junge Spinatblätter werden mit etwas Mandelpüree verfeinert und mit zarten Minzeblättchen bestreut.

Buchtipps

Gilde Reklame + Gutenberg Knigge

Aktuell:

Dr. Johannes Gottfried Mayer/ Dr. med. Bernhard Uehleke/ Pater Kilian Saum OSB: Handbuch der Klosterheilkunde. Neues Wissen über die Wirkung der Heilpflanzen. Vorbeugen, behandeln und heilen. *München: Verlag Zabert Sandmann, 2002, 434 Seiten, 24,80 €, ISBN: 3-89883-016-0*

Blick zurück in die Geschichte:

Johannes Gottfried Mayer/ Konrad Goehl (Hg.): Höhepunkte der Klostermedizin. Der »Macer floridus« und das Herbarium des Vitus Auslasser. *Holzminden: Reprint-Verlag Leipzig, 2001, 180 Seiten, 36 €, ISBN: 3-8262-1120-0*

Interessant für jene, die tiefer in die Historie einsteigen und mittelalterliche Schriften lesen möchten. Die Anleitungen sind nicht zum Nachmachen bestimmt.

Radieschen und Bärlauch

Vorbereitungszeit: 15 Minuten
Kochzeit: 15 Minuten

Für 4 Personen

1 Bund Radieschen
2 Bärlauchzehen oder frische Knoblauchzehen
500 ml Gemüsebrühe

Die Radieschenblätter abschneiden, waschen und abtropfen lassen. Die Blätter fein schneiden. Bärlauch oder Knoblauch schälen und fein hacken. Alles in einen großen Topf geben.

Die Gemüsebrühe hinzugießen, salzen und pfeffern. Erhitzen, bis die Brühe leicht sprudelnd kocht und ungefähr 12 Minuten kochen lassen.

In der Zwischenzeit einige Radieschen waschen, putzen und in Scheiben schneiden.

Die Suppe kurz pürieren, etwas Olivenöl hinzufügen, mit Radieschenscheiben bestreuen und heiß servieren.

Die Mönche essen hauptsächlich Gemüse und Pflanzen, die sie selbst anbauen, sind aber auch dem Sammeln nicht abgeneigt. In diesem Rezept erhält der Bärlauch einen Ehrenplatz. Der wild wachsende Bärlauch ist eine schöne Pflanze mit zarten Dolden und weißen Blüten; er blüht im Frühjahr. Von den Radieschen werden sowohl die Blätter als auch die Wurzeln verwendet. So werden alle Teile genützt.

Zucchini und Zuckererbsen

Vorbereitungszeit: 10 Minuten
Kochzeit: 15 Minuten

Für 4 Personen

4 kleine Zucchini
400 g Zuckererbsen (Kefen)
2 Zwiebeln
1 EL Olivenöl
700 ml Gemüsebrühe
Salz, Pfeffer aus der Mühle

Die Zucchini schälen und in kleine Würfel schneiden. Die Zuckererbsen waschen, abtropfen lassen und halbieren. Die Zwiebeln schälen und fein hacken.

Die Zwiebeln im Olivenöl andünsten. Zucchiniwürfel und Zuckererbsen hinzufügen (eine kleine Handvoll Zuckererbsen für die Garnitur zurückbehalten). Umrühren und einige Minuten kochen lassen.

In der Zwischenzeit die Gemüsebrühe zum Sieden bringen, zum Gemüse gießen und alles bei kleiner Hitze 15 Minuten kochen lassen. Mit Salz und Pfeffer würzen.

Die Suppe pürieren und in Suppenschalen gießen. Einige rohe Zuckerschoten hinzufügen und mit ein paar Tropfen Olivenöl beträufeln.

Eine Sommersuppe. Die Morgensonne streicht, bereits warm, über die Weidenäste. Die Zuckererbsen zappeln im Wind wie kleine Fische am Ende der Angelleine. Man muss sie schnell essen, solange sie frisch und knackig sind.

Dinkel und Mandeln

Vorbereitungszeit: 10 Minuten
Kochzeit: 20 Minuten

Für 4 Personen

2 Stangen Lauch
4 Karotten
½ EL Olivenöl
1 l Gemüsebrühe
½ TL Oregano
150 g Dinkel-Bulgur
4 EL Mandelpüree
Salz, Pfeffer aus der Mühle

Lauch und Karotten putzen und schälen, waschen und in kleine Stücke schneiden. In einem leicht geölten Topf andünsten. Die Gemüsebrühe zugießen, Oregano und Dinkel-Bulgur zufügen. Leicht sprudelnd 20 Minuten kochen lassen. Salzen und pfeffern. Am Ende der Kochzeit das Mandelpüree zugeben. Umrühren und servieren.

Eine Herbstsuppe. In vielen Klöstern, in denen im Speiseplan kein Fleisch vorgesehen war, erhielten die Mönche eine tägliche Ration Mandeln. Bei körperlich anstrengenden Arbeiten, etwa den Wald urbar machen, pflügen oder ernten, steckten sie sich eine Handvoll Mandeln als kleinen Energievorrat für den Tag in die Kutte. Mandeln, Feigen, Haselnüsse und Rosinen bilden die sogenannten »vier Bettler«, die in Frankreich auch ein einfaches Dessert abgeben. Sie spielen auf die Ordenstrachten der vier Bettelorden des Mittelalters an: Karmeliter, Augustiner, Dominikaner und Franziskaner.

Hafer und Walnüsse

Vorbereitungszeit: 10 Minuten
Kochzeit: 15 Minuten

Für 4 Personen

2 Zwiebeln
1 EL Olivenöl
1 l Geflügelbrühe
150 g feine Haferflocken
1 TL Majoran
2 EL Crème fraîche
Salz
6 Walnusskerne, gehackt
1 EL Walnussöl

Die Zwiebeln schälen und hacken. Im Olivenöl andünsten. Mit der Geflügelbrühe aufgießen und aufkochen. Die Haferflocken beifügen, zudecken und bei kleiner Hitze 10 Minuten köcheln lassen. Majoran und Crème fraîche zufügen und umrühren.

Die Suppe pürieren, leicht salzen und in Suppenschalen anrichten. Mit gehackten Walnusskernen bestreuen und mit einigen Tropfen Walnussöl beträufeln.

Hafer ist das Wintergetreide schlechthin. Er ist sehr energiereich und hilft, die in den Klöstern hinter den dicken Steinmauern herrschende strenge Winterkälte besser zu ertragen. In früheren Zeiten war in den Klöstern die Küche als einziger Raum beheizt. Der Hafer hat außerdem seine geheimen Tugenden, die den Ordensoberen gut bekannt waren, zum Beispiel im Kampf gegen die Melancholie, auch Mönchskrankheit genannt, die Krankheit der Einsamen und Deprimierten.

Pastinaken und Hirse

Vorbereitungszeit: 10 Minuten
Kochzeit: 20 Minuten

Für 4 bis 6 Personen

4 Pastinaken
2 Zwiebeln
1 EL Olivenöl
1 l Geflügelbrühe
200 g Hirse
1 Kopfsalat
Salz, Pfeffer aus der Mühle

Pastinaken und Zwiebeln schälen. Die Pastinaken in Würfel schneiden, die Zwiebeln hacken. Das Öl in einem Schmortopf erhitzen. Pastinaken und Zwiebeln darin andünsten. Die Geflügelbrühe vorsichtig dazugießen und zum Kochen bringen.

Die Hirse hinzufügen und alles zugedeckt etwa 10 Minuten kochen lassen.

Die Salatblätter waschen und in Streifen schneiden. In die Suppe geben und noch 10 Minuten leicht sprudelnd kochen lassen. Salzen und pfeffern. Heiß servieren.

Jahrhundertelang war in Europa die Hirse eines der wichtigsten Getreide für die Ernährung. Heute ist Hirse fast völlig in Vergessenheit geraten. Dabei ist sie ein guter Magnesiumlieferant, ist glutenfrei, reich an Silizium und ganz hervorragend für die Knochen.

Die Kunst der Suppe

Im Sommer und im Winter, im Frühling und im Herbst, fast an jedem Tag des Jahres, essen die Mönche Suppe. Manchmal auch zweimal am Tag, und immer zu Beginn jeder Mahlzeit. Die Suppe, das ist die Kunst des Einfachen und passt daher sehr gut zum klösterlichen Leben. Sie kostet nur wenig, sie lässt sich aus allem zubereiten und wird im Rhythmus der Jahreszeiten reichhaltiger. Sie kann warm oder kalt verzehrt werden, aufgewärmt oder nicht.

Lange Zeit empfingen die Mönche an ihrer Pforte zahlreiche Arme, Kranke oder Landstreicher. Es gab immer eine Suppe, die ihnen gereicht wurde. Auch Könige oder hochgestellte Persönlichkeiten, Päpste, Herren oder Bischöfe, die ihren Lebensabend im Kloster verbrachten, lernten dort Armut und Bescheidenheit kennen und ernährten sich vorwiegend von »Gesundheitssuppen«.

Heute sind Besucher an diesen abgeschiedenen Orten seltener geworden. Die Armen zieht es in die Städte. Die Könige und die Mächtigen machen sich um ihre Seele keine Sorgen mehr und erachten es nicht mehr als nötig, im Angesicht des Todes mit sich ins Reine zu kommen. Sie versuchen, ihm mit anderen Mitteln entgegenzutreten.

In diesem kleinen Kloster verbringen die Männer den Tag mit Beten und Arbeiten und verdienen sich jeden Tag aufs Neue eine kleine geheime Freude. Die Suppe ist geduldig. Sie wartet und dampft ruhig vor sich hin …

Die Geschichte von Fiacrius

Fiacrius war ein irischer Mönch, der im 7. Jahrhundert lebte. Mit einigen Gleichgesinnten gründete er auf dem Land in der Nähe der französischen Stadt Meaux ein Kloster. Er empfing dort Pilger und Kranke und wurde bald für seine Heilungen weitherum bekannt.

Um einen Gemüsegarten anzulegen und dort für die Kranken Heilkräuter anzupflanzen, bat er seinen Bischof, ihm ein größeres Stück Land zu überlassen. Der Bischof stimmte zu, allerdings unter einer Bedingung: Er gab Fiacrius einen einzigen Tag Zeit, um die Grenzen seines neuen Landstückes abzustecken, für die er zudem mit seinen Händen einen Graben ausheben sollte.

Am nächsten Morgen bei Sonnenaufgang machte sich Fiacrius auf seinen Weg über die Wiesen und die Wälder und zog einen langen Stock hinter sich her. Wie er so voranschritt, unter der brennenden Sonne, öffnete sich – oh Wunder –, die Erde unter seiner Füßen und bildete einen Graben, und die Bäume entwurzelten sich von selbst. Als die Nacht kam, legte der Mönch seinen Stock nieder und ruhte sich aus. Seine Aufgabe war erfüllt, er hatte seinen Gemüsegarten erhalten. Nun musste er nur noch Gemüse und Heilkräuter anpflanzen.

Fiacrius, der irische Mönch, wurde später Bischof und ist heute in Frankreich einer der bekanntesten Heiligen. Der Schutzpatron der Gärtner wird häufig mit dem Spaten in der einen und einem Buch in der anderen Hand dargestellt.

Spinat mit Zitrone

Zubereitungszeit: 10 Minuten

Für 4 Personen

200 g Spinat
1 Apfel
1 TL körniger Senf
1 TL Cidre-Essig (Apfelweinessig)
1 TL flüssiger Honig
2 EL Sonnenblumenöl
1 unbehandelte Zitrone
1 EL Rosinen
Salz, Pfeffer aus der Mühle

Den Spinat waschen, abtropfen lassen und in einem Tuch trocknen. Die Spinatblätter in Streifen schneiden.

Den Apfel schälen und vierteln, das Kerngehäuse entfernen, das Fruchtfleisch in feine Scheiben schneiden.

Senf und Cidre-Essig in einer kleinen Schüssel verrühren. Honig und Sonnenblumenöl hinzufügen. Vermischen, salzen und pfeffern.

Die Zitrone abwaschen, trocknen und die Hälfte der Schale fein abreiben.

Spinatstreifen und Apfelscheiben in eine Salatschüssel geben. Rosinen, abgeriebene Zitronenschale sowie die Sauce hinzufügen und alles vorsichtig mischen. Sofort servieren.

In den Klöstern wurde Spinat den von einer Krankheit Genesenden zur Versorgung mit Mineralstoffen verabreicht.

Bohnenkerne und Kopfsalat

Vorbereitungszeit: 15 Minuten
Kochzeit: 20 Minuten

Für 4 Personen

1,2 kg frische Bohnenkerne in den Hülsen
6 Silber- oder Perlzwiebeln
1 TL Thymian oder Bohnenkraut
2 kleine Köpfe Kopfsalat
Olivenöl
Salz, Pfeffer aus der Mühle

Die Bohnenkerne aus den Hülsen lösen. 2 Minuten in kochendem Wasser blanchieren und abgießen. Mit der Messerspitze einritzen und die äußere Haut ablösen.

Die Zwiebelchen schälen und in kleine Stücke schneiden.

Einen Schmortopf leicht einölen. Bohnenkerne und Zwiebeln in den Topf geben. Thymian oder Bohnenkraut zufügen, salzen und pfeffern. Mit kochendem Wasser bedecken und zugedeckt bei kleiner Hitze 5 bis 10 Minuten kochen lassen.

Die Salatblätter waschen, trocken schleudern und in Streifen schneiden. Zu den Bohnen und Zwiebeln in den Topf geben und bei kleiner Hitze noch 5 bis 10 Minuten kochen. Heiß oder lauwarm servieren.

Sommergemüse. Die kleinen frischen Bohnenkerne sind köstlich. Sie schmecken gewürzt oder in Begleitung ebensogut wie »nature« – eine Art frische Hostie in der Mitte des Sommers.

Gemüsetopf mit jungem Gemüse

Vorbereitungszeit: 15 Minuten
Kochzeit: 30 Minuten

Für 4 Personen

8 Frühlingszwiebeln
8 Pariser Karotten oder 4 Bundkarotten
4 junge Rübchen
1 Fenchelknolle
4 kleine Köpfe Brokkoli
3 EL Olivenöl
1 kleine Zimtstange
80 ml Gemüsebrühe
200 g enthülste Erbsen
200 g Zuckerschoten
1 Zweig Thymian
1 Zweig Rosmarin
½ TL Bohnenkraut
2 frische Knoblauchzehen, geschält
etwas Zitronensaft
1 kleines Bund Kerbel
20 g Butter
Salz, Pfeffer aus der Mühle

Zwiebeln, Karotten, Rübchen und Fenchel putzen, vom Fenchel eventuell die äußerste Schicht entfernen und die Knolle vierteln. Sämtliches Gemüse unter kaltem Wasser abspülen, sorgfältig trocknen und in große Würfel oder Stifte schneiden; den Brokkoli in Röschen zerteilen.

Das Öl in einem Schmortopf erhitzen. Den Fenchel und die Zimtstange hineingeben und 2 Minuten anbraten, dann etwas Brühe zugießen. Zudecken und ungefähr 12 Minuten schmoren lassen.

Dann das restliche Gemüse, Thymian, Rosmarin, Bohnenkraut und die geschälten Knoblauchzehen zufügen. Die restliche Brühe in den Topf gießen, salzen und pfeffern. Zudecken und 15 Minuten schmoren lassen. Dabei immer wieder überprüfen, dass das Gemüse nicht anbrennt und falls erforderlich, noch etwas Wasser hinzufügen.

Am Ende der Kochzeit mit einigen Tropfen Zitronensaft beträufeln. Den Kerbel waschen, trocknen, fein hacken und zusammen mit kleinen Butterstückchen kurz vor dem Servieren auf das Gemüse geben.

Die kleinen runden Pariser Karotten sind besonders zart und süß im Aroma und bestechen mit ihrer hübschen Kreiselform. Sollten Sie keine finden, dann können diese problemlos, wie auf unserem Foto, durch normale Karotten oder frühe Bundkarotten ersetzt werden.

Vergessene Gemüsesorten

»Schauen Sie, hier haben wir allerlei Gemüse- und Früchtesorten. Jede Pflanze hat ihren besonderen Geschmack und ihren Nutzen«, sagt Bruder Anthelme und zählt eine ganze Reihe von wunderbaren Namen auf. Auf unserer Reise durch die Klöster und Konvente haben wir sehr viele in Vergessenheit geratene Gemüsesorten entdeckt.

Zum Beispiel die Knoblauchrauke, deren krautige Blätter nach Knoblauch riechen, oder Gartenmelde, Nachtkerze und Brennnessel, die gerne für Suppen verwendet werden. Wir finden weiße Beten, die seit dem 17. Jahrhundert bekannte »Crapaudine«- oder »Krötchen«-Bete mit ihrem blutroten Fruchtfleisch oder Borretsch mit seinen nach Rettich schmeckenden Blüten, die man gerne auf Frischkäse streut. Anderswo wachsen Cardy, spitzblättrige Disteln, die köstlichen runden Pariser Karotten, die Zichorienart Catalogna und die blaufarbenen Vitelotte-Kartoffeln. Auch die große Familie der Kohlgewächse ist präsent: Meerkohl, Kohlrabi, Russischer Roter (ein sibirischer Wildkohl), zudem zahlreiche Kürbisgewächse, vom Melonenkürbis bis zum wunderschönen warzigen Galeux d'Eysines. Daneben Erdbeerspinat mit seinen nach Haselnuss schmeckenden Blättern, Knollenziest, Patisson und vieles mehr.

Es gibt auch Pflanzen, deren Namen ein Schmunzeln hervorrufen, wie zum Beispiel der Schlangenrettich oder die Heilig-Geist-Bohne, Nonnennabel (getrocknete Bohnen) oder Venusbrüstchen (eine Tomatensorte). Alle diese Pflanzen haben ihren Platz in diesem vergessenen Garten Eden. Mangold eignet sich ganz hervorragend für Gemüsetartes oder gefüllte Pasteten.

Als Salat kommen der Kopfsalat Sucrine, Wegerich, Pimpernelle und Neuseelandspinat zum Einsatz. Ochsenherztomaten, Kapuzinerkresseblüten, Pastinaken und Patissons eignen sich gut für Aufläufe.

»Manchmal«, sagt Bruder Anthelme, »bekomme ich eine Mail von einem anderen Kloster, und ein Bruder fragt mich nach Samen zum Beispiel für Hokkaidokürbis oder eine andere Kürbissorte. Wir tauschen Saatgut, Samenkörner und Sämlinge per Post aus.«

Der Abend bricht herein. Im Schutz der Gartenmauer, eingetaucht in das Grün des Gartens, hackt der Gärtner das letzte Stück. Es bleibt ihm noch etwas Zeit vor der Komplet. Gärtnern ist wie eine Askese, ein Gebet, ein stilles Loblied.

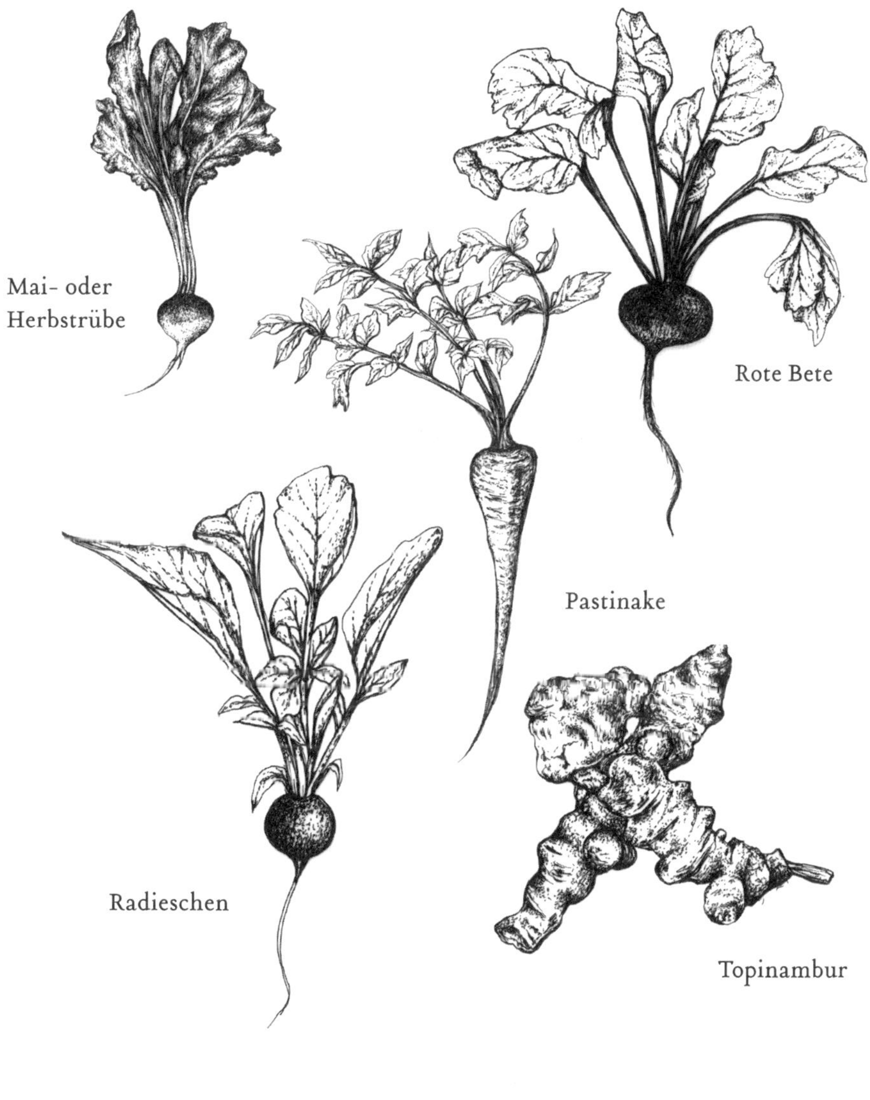
Mai- oder
Herbstrübe
Rote Bete
Pastinake
Radieschen
Topinambur

Pastinaken mit Honig

Vorbereitungszeit: 15 Minuten
Kochzeit: 20 Minuten

Für 4 Personen

4 Pastinaken
2 rote Zwiebeln
1/2 EL Olivenöl
2 Prisen getrockneter oder
1 Zweig frischer Thymian,
Blättchen abgezupft
2 EL Honig

Die Pastinaken schälen und mit kaltem Wasser waschen. In feine Scheiben schneiden.

In einem Kochtopf mit Dämpfeinsatz etwas Wasser zum Kochen bringen. Die Pastinakenscheiben hineingeben, zudecken und leicht sprudelnd 20 bis 25 Minuten kochen lassen. Abschütten und abtropfen lassen.

Die Zwiebeln schälen und fein hacken.

In einer Pfanne das Olivenöl erhitzen. Die gehackten Zwiebeln in die Pfanne geben und einige Minuten dünsten. Die gedämpften Pastinakenscheiben, den Thymian und den Honig zufügen und gut verrühren. 5 Minuten erhitzen. Heiß servieren.

Pastinaken sind ein Herbst- und Wintergemüse. Man findet sie immer häufiger auch bei uns auf dem Markt und sogar in Supermärkten. Diese alte Gemüsesorte schmeckt zusammen mit Honig hervorragend. Sie können auch eine Handvoll Mandelblättchen hinzufügen.

Auberginengratin mit Kräutern

Vorbereitungszeit: 15 Minuten
Kochzeit: 35 Minuten

Für 4 Personen

3 oder 4 kleine Auberginen
6 Tomaten
5 weiße oder rosa Zwiebeln
Olivenöl
8 Knoblauchzehen
1 TL Zitronenthymian
1 kleines Bund Petersilie
Salz, Pfeffer aus der Mühle

Den Backofen auf 180 Grad vorheizen.

Auberginen und Tomaten waschen, trocknen und in Scheiben schneiden. Die Zwiebeln schälen und ebenfalls in Scheiben schneiden.

Eine Auflaufform einölen. Die Auberginen-, Tomaten- und Zwiebelscheiben senkrecht einschichten. Die geschälten Knoblauchzehen dazwischenstecken. Großzügig salzen, pfeffern und mit den abgezupften Zitronenthymian- und Petersilienblättern bestreuen.

Ungefähr 35 Minuten im vorgeheizten Ofen backen. Den Garvorgang überwachen und falls nötig 1 oder 2 Esslöffel Wasser zufügen, damit der Auflauf nicht austrocknet. Heiß oder kalt servieren.

Dieses Gericht haben wir in einem Kloster in der Nähe von Manosque genossen. Schönes, farblich ansprechendes Gemüse, exzellentes Olivenöl, duftende Kräuter – die Essenz der klösterlichen Küche.

Cardygratin mit Rosmarin

Vorbereitungszeit: 20 Minuten
Kochzeit: 75 Minuten

Für 4 Personen

Für die Cardy:
2 kg Cardy (falls erhältlich rote Sorte)
Zitronensaft
2 EL Mehl
Salz
2 Salbeiblätter

Für die Sauce:
20 g Butter
1 EL Mehl
1 l Gemüsebrühe

Zum Fertigstellen:
200 g geriebener Schafskäse
Olivenöl
Salz, Pfeffer aus der Mühle

Von den Cardy die Blätter abschneiden und nur die Stiele verwenden. Die Stiele in kleine, gleich große Stifte schneiden und diese sofort in mit Zitronensaft versetztes kaltes Wasser legen, damit sie sich nicht verfärben.

Das Mehl mit etwas kaltem Wasser verrühren und in einen mit Wasser gefüllten Topf geben. Aufkochen, salzen und die abgeschütteten Cardy hineingeben. Die Salbeiblätter hinzufügen. 1 Stunde leicht sprudelnd kochen lassen. Anschließend abschütten, kurz unter fließendem kaltem Wasser abspülen und abtropfen lassen.

Für die Sauce die Butter in einem Topf mit dickem Boden schmelzen. Das Mehl zufügen und umrühren, bis die Mehlschwitze schön braun ist. Nach und nach die Gemüsebrühe zugießen, dabei gut umrühren. Bei kleiner Hitze 8 Minuten köcheln lassen.

Den Backofen auf 200 Grad Grillstufe bzw. Oberhitze vorheizen.

Eine Auflaufform einölen. Eine Schicht Cardy einlegen. Mit der Hälfte des geriebenen Käses bestreuen. Eine zweite Lage Cardy einschichten und Sauce bis auf die Höhe der Cardy einfüllen. Den restlichen Käse darüberstreuen. Mit Salz und Pfeffer würzen.

7 bis 8 Minuten unter dem vorgeheizten Backofengrill überbacken.

Cardy oder Kardonen sind ein Frühjahrs- und Herbstgemüse. Rote Cardy sind eine Variétät, deren Stiele von weinroten Fasern durchzogen sind.

II

DIE EIER UND DER HÜHNERSTALL

DIE MÖNCHE ALS GEFLÜGELZÜCHTER

Die Eier

Das Osterfest findet am Sonntag nach dem ersten Frühjahrsvollmond, nach der Frühjahrs-Tagundnachtgleiche (21. März) statt. Voran geht ihm eine Fastenzeit von vierzig Tagen, die am Aschermittwoch, dem Tag nach Fastnachtsdienstag, beginnt und an Ostern zu Ende ist. (Die Sonntage werden dabei nicht mitgezählt, da an ihnen nicht gefastet wurde.) Bei den Katholiken schweigen die Glocken ab dem Gloria am Gründonnerstag, bei dem (meist) noch einmal alle Glocken erklingen. Sie ertönen erst wieder beim Gloria zu Ostern, am Karsamstagabend oder Ostersonntagmorgen, und verkünden das Ende der Fastenzeit.

In der Fastenzeit leben die Mönche und Nonnen in strenger Abstinenz und essen in dieser Zeit traditionell, wie alle Christen, auch keine Eier. Die Hühner legen allerdings trotzdem ihre Eier, und so stehen nach den vierzig Fastentagen Körbe voller Eier bereit.

Man bewahrte sie in Fett oder Wachs auf, und es wurde zur Gewohnheit, sie an Ostern zu verteilen. Sie wurden bemalt und dekoriert, und man schenkte sie sich einander. Es fanden auch Eierschlachten statt, an denen auch manche Geistliche gerne teilnahmen, und dies notabene auch während der Messe.

In den Klöstern entwickelten die Mönche zahlreiche Rezepte zur Verwendung des Eierüberflusses, und einige dieser Rezepte tragen den Namen derjenigen, die sich die Zubereitung ausgedacht haben, wie bei den »Eiern Célestine«, die von den Mönchen des Cölestinerordens erfunden wurden.

Das Ei, das die Wiederauferstehung von Jesus Christus symbolisiert, wurde gesegnet und Besuchern oder Bedürftigen geschenkt.

Der Hühnerstall

Im bescheidenen Zisterzienserkloster am Fuß der bewaldeten Berge gibt es nur einen, der sich nicht an das Schweigen und die Gebetszeiten hält, zu denen der Klang einer kleinen gesprungenen Glocke ruft, und das ist der Hahn. Er kräht, wann immer ihm danach zumute ist, wie ein alter, falsch gestellter Wecker, selten um den Sonnenaufgang anzukündigen, denn da er von seinen unendlichen Stimmübungen am Vortag noch müde ist, schläft er jeden Morgen über Gebühr lange aus. Aber das Geflügel unterliegt ja auch nicht der Regel des heiligen Benedikt. Die Mönche allerdings feiern die Vigil gegen 2 Uhr morgens, deutlich vor Tagesanbruch.

Hier gibt es viel Geflügel, und die Tiere bewegen sich frei auf einem großen eingezäunten Grasstück, das die Verlängerung des Gemüsegartens bildet. Coucou de Rennes, Marans, Faverolles, Cou-nu und noch andere Hühnerrassen. Überall gackerndes Federvieh, auch Puten, Enten, Perlhühner und Gänse sind zu sehen. Ein Teich dient ihnen als Versammlungsplatz, wo wichtige Dinge gackernd und schnatternd besprochen werden. Auch ein Esel ist nicht weit, wobei allerdings etwas rätselhaft bleibt, was er hier sucht.

»Unser Leben in Autarkie hat sich an dieses muntere Lärmen gewöhnt«, sagt Bruder Anthelme. »Das Federvieh liefert uns eine Menge Eier und auch Fleisch. Auf jeden Fall so viel, dass wir nichts davon kaufen müssen. Aber wir essen schließlich auch eher bescheiden.«

Kräuteromelette mit Feldthymian

Vorbereitungszeit: 5 Minuten
Kochzeit: 5 Minuten

Für 4 Personen

1 Bund Petersilie
1 Bund gemischte Gartenkräuter
einige Zweige Feldthymian
8 Eier
1 EL Olivenöl
Salz, Pfeffer aus der Mühle

Sämtliche Kräuter waschen, trocknen und fein hacken.

Die Eier aufschlagen und in eine Schüssel geben. Salzen und pfeffern. Mit einer Gabel gut verquirlen. Dann Petersilie, Gartenkräuter und Feldthymian hinzufügen und gründlich verrühren. Durch das längere Verrühren von Kräutern und Eiern vor dem Ausbacken wird der Geschmack ausgeprägter.

In einer Pfanne das Olivenöl erhitzen. Die Eimischung hineingeben und mit dem Gabelrücken kurz umrühren. 2 bis 3 Minuten stocken lassen. Dann die Omelette zur Mitte einschlagen. Auf einen Teller gleiten lassen und in Stücke schneiden.

Der Feldthymian gehört zur großen Gattung der Thymiane. Er wird auch Breitblättriger, Gemeiner, Arznei- oder Quendel-Thymian genannt.

Eier Célestine

Vorbereitungszeit: 10 Minuten
Kochzeit: 10 Minuten

Für 4 Personen

3 Eigelb
100 g Zucker
1 EL Rosenwasser
6 Eiweiß
1 Prise Salz
20 g Butter
4 Prisen gemahlener Zimt

Den Backofen auf 180 Grad vorheizen.

Die Eigelbe und den Zucker sorgfältig verrühren. Das Rosenwasser hinzufügen.

Das Eiweiß mit einer Prise Salz zu einem festen Schnee schlagen. Mit einem Spatel den Eischnee nacheinander in drei Portionen unter die Eigelbmasse heben.

Einen ofenfeste Form mit hohem Rand buttern. Die Masse einfüllen und an der Oberfläche der Länge nach leicht einschneiden.

Im vorgeheizten Ofen ungefähr 8 bis 12 Minuten backen. Kurz abkühlen lassen und dann mit Zimt bestreut servieren.

Dieses Rezept verdanken wir den Mönchen des Cölestinerordens. Als »Eier Célestine« bezeichnet man ein souffliertes Omelette, das mit Rosenwasser und Zimt aromatisiert wird. Das Rosenwasser kann durch Orangenwasser ersetzt werden.

Die Hühner aus dem Weihwasserbecken

Es ist noch gar nicht so lange her, da hatten auch die Klöster in den meisten Städten noch einen Hühnerhof. In Paris, mitten in Saint-Germain, glaubten die Touristen zu träumen, wenn sie in der Nähe der Rue du Bac Hühner gackern und Hähne krähen hörten.

Die Mönche hielten sie dort für den Eigenbedarf. Manchmal verkauften sie die Hühner auch an die Geschäfte im Viertel. Das sprach sich jeweils schnell herum, und allenthalben hörte man, der Metzger biete Hühner »aus dem Weihwasserbecken« oder »gesegnete Hühner« feil. Alle eilten herbei. Das Fleisch dieser frommen Hühnervögel, die mit Körnern gefüttert und von Psalmen in den Schlaf gewiegt worden waren, hieß es, sei unvergleichlich gut!

Dann wieder war es eine Lieferung Honig, Marmeladen, Gewürzbrot oder kleine Kuchen, die aus den Klöstern verkauft wurden. All diese Leckereien verschwanden immer innerhalb weniger Stunden – als wär's ein Traum gewesen.

Hähnchenfrikassee mit Pineau

Vorbereitungszeit: 20 Minuten
Kochzeit: 35 Minuten

Für 4 bis 6 Personen

1 großes Hähnchen, küchenfertig
20 Silber- oder Perlzwiebeln
Öl
Salz, Pfeffer aus der Mühle
250 g Pilze
2 Gläser Pineau
1 Glas Geflügelbrühe
2 EL Crème fraîche

Das Hähnchen in Stücke teilen. Die Zwiebelchen schälen. Die Pilze putzen und wenn nötig in Stücke schneiden.

In einem Schmortopf Öl erhitzen. Die Fleischstücke auf allen Seiten anbraten. Salzen und pfeffern. Die Zwiebeln dazugeben und einige Minuten goldbraun anbraten. Zudecken und alles bei kleiner Hitze 20 Minuten schmoren lassen. Den Pineau und die Geflügelbrühe dazugießen. Die Pilze beifügen und 10 Minuten weiterschmoren.

Kurz vor dem Servieren die Crème fraîche unterheben und gut umrühren, sodass eine sämige Sauce entsteht.

Dieses klösterliche Rezept, das aus der Charente stammt, wird mit Pineau, dem dort hergestellten beliebten süßen Aperitifgetränk zubereitet.

Huhn im Blütengewand

Vorbereitungszeit: 10 Minuten
Kochzeit: 75 Minuten

FÜR 4 PERSONEN

2 Handvoll essbare Frühlingsblüten, möglichst aus biologischem Anbau
1 Huhn von 1,6 kg (aus Freilandhaltung), küchenfertig
75 g Frischkäse, nach Belieben, abgetropft
Salz, Pfeffer aus der Mühle

Den Backofen auf 180 Grad vorheizen.

Die Blüten in einer Schüssel vorsichtig vermischen. Das Huhn gründlich abspülen und trocken tupfen. Die Bauchhöhle salzen und pfeffern.

Die Haut des Huhns am Hals, an den Füßen und an den Flügeln vorsichtig einschneiden und behutsam ablösen, indem man die Finger nach und nach zwischen Haut und Fleisch schiebt. Die Blütenmischung unter der Haut verteilen, dabei darauf achten, dass die Haut nicht durchstoßen wird. Noch zarter wird das Fleisch, wenn man die Blüten mit dem abgetropften Frischkäse vermischt.

Die Hühnerbeine mit Küchengarn zusammenbinden. Das Huhn in eine ofenfeste Form legen, salzen und pfeffern. Im vorgeheizten Backofen ungefähr 1 1/4 Stunden braten. Dabei regelmäßig mit Bratfond begießen.

Das fertig gebratene Huhn aufschneiden und servieren.
Zum Servieren nach Belieben mit frischen Blüten bestreuen.

Nonnen und Mönche pflanzen leidenschaftlich gerne Blumen an. Sie haben zahlreiche Rosensorten gezüchtet. Die Blumen dienen zum Schmücken von Orten, an denen gebetet oder Gottesdienst gefeiert wird. So wird der Altar geschmückt, aber auch die Nischen, die den Heiligen gewidmet sind. Aber die Blumen und Blüten werden auch zum Herstellen von Arzneien oder für originelle Gerichte verwendet. In diesem Rezept wird das Huhn unter der Haut mit Veilchen, Gänseblümchen, Malven, Kleeblättern, Kapuzinerkresseblüten, Rosen, Immergrün usw. gefüllt, mit kleinen Frühlingsblumen, die dem Fleisch einen köstlichen Duft verleihen.

Weihnachtstruthahn

Vorbereitungszeit: 25 Minuten
Ruhezeit: 30 Minuten
Kochzeit: 3 Stunden

Für 6 bis 8 Personen

1 Truthahn von ca. 4½ kg, küchenfertig
120 g Butter
200 ml Apfelsaft
Salz, Pfeffer aus der Mühle

Für die Füllung:
40 g Rosinen
50 ml Obstschnaps
120 g trockenes Brot (oder Gewürzbrot)
50 ml lauwarme Milch
1 Zwiebel
2 Stangen Staudensellerie
1 Karotte
20 g Butter
125 g Wurstbrät
Salz, Pfeffer aus der Mühle
2 Äpfel, fein gerieben
1 Ei
1 kleines Bund Petersilie, gehackt

Zunächst die Füllung zubereiten: Die Rosinen in einer kleinen Schüssel im Obstschnaps 30 Minuten ziehen lassen. In der Zwischenzeit das trockene Brot zerbröseln, in einen Suppenteller geben und mit der lauwarmen Milch übergießen.

Die Zwiebel hacken, Staudensellerie und Karotte würfeln. Die Butter in einer Pfanne leicht braun werden lassen. Die Zwiebel bei kleiner Hitze glasig dünsten. Dann das Wurstbrät zugeben und gut mischen, das Brät dabei vollständig zerkleinern. Salzen und pfeffern. Die Sellerie- und Karottenwürfel beifügen, dann die Äpfel dazureiben. Alles 5 Minuten weiter erhitzen.

Das eingeweichte Brot ausdrücken. Die Brätmischung, die Rosinen und das ausgedrückte Brot in eine große Schüssel geben.
Das Ei und die gehackte Petersilie zufügen. Mit den Fingern zu einer gleichmäßigen Masse vermischen.

Den Backofen auf 180 Grad vorheizen.

Das Innere des Truthahns großzügig salzen und pfeffern. Mit der Füllung füllen. Butterflöckchen auf Haut, Flügel und Schlegel setzen. Den Truthahn im vorgeheizten Ofen 30 Minuten auf einer Seite braten, dabei regelmäßig mit etwas Wasser bestreichen. Wenden und weitere 30 Minuten auf der anderen Seite braten. Dann den Truthahn auf den Rücken drehen und noch ungefähr 2 Stunden braten. Dabei regelmäßig mit Apfelsaft und Bratfond begießen.

Mit Kastanienpüree oder mit Kastanien aus dem Ofen servieren.

Weihnachten feiert man in den Klöstern traditionell mit einem großen Truthahn. Der Truthahn ist größer als das Huhn und günstiger als Kapaun oder Poularde. Das Gericht unterstreicht einen sehr festlichen Moment, die Geburt Jesu, und ist gleichzeitig Ausdruck der gastronomischen Bescheidenheit, die einer Gemeinschaft von Mönchen oder Nonnen entspricht.

III

KÜCHE UND REFEKTORIUM

DIE MÖNCHE ALS KÖCHE

Es war einmal … der Kamin

Bis zum 11. Jahrhundert gab es in den Klöstern und in den Burgen keinen speziellen Raum für die Küche. Man kochte auf recht rudimentäre Weise, draußen, an einer vor Regen und Wind geschützten Stelle, meist unter einer Art Vordach auf offenem Feuer.

Ab dem 11. Jahrhundert baute man für die Kochstelle Gebäude aus Stein, die an das Haupthaus oder in den Klöstern an den Speisesaal angebaut wurden. Diese Gebäude haben unterschiedliche Formen: viereckig, achteckig, unregelmäßig, kuppelförmig. In diesen Küchen herrschte eine große Hitze. Von den verschiedenen Feuerstellen konnte der Rauch durch kleine Löcher oder durch kleine Kamine, die wie gelöcherte Orgelpfeifen das Dach durchbohrten, nach draußen entweichen. Am höchsten Punkt einer solchen Küche gab es ein größeres Loch für die Lüftung, und unten wurde durch kleine Öffnungen von draußen Luft zugeführt, um das Feuer anzufachen und für eine gute Belüftung zu sorgen.

Bald wurde die Küche in das Hauptgebäude integriert. In den Klöstern wurde sie in der Nähe des Refektoriums, in den Schlössern in der Nähe des großen Saales angelegt, um zu vermeiden, dass die Speisen kalt auf den Tisch gelangten. Fast alles wird in Kesseln gekocht, große Töpfe, in denen Fleisch, Fisch und Gemüse gegart werden.

Ein weiterer Fortschritt war der Bau von Steinöfen, die einen sanfteren Kochvorgang ermöglichten. Man entnahm Glut zum schnelleren Garen. Es wurden tragbare Gefäße zum Warmhalten konstruiert, damit die Speisen nicht kalt wurden. Über mehr als ein Jahrtausend hinweg wird in den Klöstern ein wichtiges Kapitel unserer kulinarischen Geschichte geschrieben. Und über allem wachte der heilige Benedikt …

Die Regel des heiligen Benedikt

»Höre, mein Sohn, auf die Weisung des Meisters, neige das Ohr deines Herzens«, so beginnt die berühmte Regel des heiligen Benedikt, die im 11. Jahrhundert von dem italienischen Mönch Benedikt von Nursia aufgeschrieben wurde.

Die Benediktsregel kann als ein Leitfaden der Spiritualität gelesen werden, in dem alle Aspekte des Alltagslebens der Mönche dargestellt sind. Davor gab es andere Regeln, vor allem die Basiliusregel (von 363) und die Augustinusregel (von 397) oder die Regel des irischen Mönches Kolumban (565), der die Mönche mit eiserner Hand führte und ihnen harte asketische Praktiken abverlangte. Später dann, im 13. Jahrhundert, gab es die Franziskusregel (1223), nach der die Minoritenbrüder lebten.

Die Benediktsregel verbindet Gebet, spirituelle Praxis und manuelle Arbeit. Diese Regel hat Tausende von Klöstern geprägt und inspiriert. In den Klöstern gehört alles allen. Es gilt die Schweigepflicht, und Demut ist die Grundhaltung, die jeden Augenblick und jede Handlung durchdringen soll. Der von den Mönchen gewählte Abt leitet das Kloster; alle müssen ihm Gehorsam leisten.

Die Orden der Cluniazenser (910), der Zisterzienser (1098) und der Cölestiner (1273) leben alle nach der Benediktsregel. Die Kartäuser (1086) entschieden sich für eine gemischte Ordensregel, die sich an der Augustinerregel und an der Benediktsregel orientiert.

R.D.ABBAS
P.JEAN
R.P. Immédiat.
P Francois de Sales
F.MARIE
serviteur de table 2
Fr. Jean-Marie
F POSTULANT
Lector Mensæ
N. Prior
N. Sub-Prior.

Wer kocht in der Klosterküche?

Die Antwort auf diese Frage gibt der heilige Benedikt in Kapitel 35 selbst, in dem er unter dem Titel »Der wöchentliche Dienst in der Küche« Folgendes ausführt: »Die Brüder sollen einander dienen. Keiner werde vom Küchendienst ausgenommen, es sei denn, er wäre krank oder durch eine dringende Angelegenheit beansprucht.«

Der Küchendienst ist also die Sache aller. Der Reihe nach lösen die Mönche einander ab und kochen im wöchentlichen Wechsel. Auch wenn ein Mönch besondere Fähigkeiten oder eine besondere Gabe fürs Kochen hat – vielleicht weil er zuvor von Beruf Koch war –, wird er keinesfalls bevorzugt und ist nicht automatisch für die Küche zuständig.

Im Kapitel 57 der Benediktsregel steht ausdrücklich: »Sind Handwerker im Kloster, können sie in aller Demut ihre Tätigkeit ausüben, wenn der Abt es ihnen erlaubt.«

Es kann aber auch Folgendes passieren: »Wird aber einer von ihnen überheblich, weil er sich auf sein berufliches Können etwas einbildet und meint, er bringe dem Kloster dadurch etwas ein, werde ihm seine Arbeit genommen. Er darf sie erst wieder aufnehmen, wenn er Demut zeigt und der Abt es ihm von Neuem erlaubt.«

Die Küchenarbeit ist eine Gemeinschaftsaufgabe und eine spirituelle Übung zugleich. Sie darf niemals zum Selbstzweck werden – essen, um zu leben, und nicht leben, um zu essen – auf die Gefahr hin, die Mönche von ihren guten Absichten abzulenken: Ohne Unterlass die Reinheit des Herzens zu suchen, die es erlaubt »Gott zu sehen«.

Wenn Rezepte entworfen, Küchentechniken erfunden, entwickelt und angepasst werden – und die Mönche haben in der Tat viel erfunden –, so geschieht dies immer in Demut. Das von langer Hand erworbene Wissen wird in der Stille weitergegeben. Im Laufe der Zeit wird es reicher, durch die rituelle Wiederholung der Gesten. Ein Rezept ist wie ein Psalm, den die Mönche unendlich wiederholen.

Vom Schweigen und der Zeichensprache

»Ich sprach, ich will auf meine Wege achten, damit ich mich mit meiner Zunge nicht verfehle. Ich stellte eine Wache vor meinen Mund, ich verstummte, demütigte mich und schwieg sogar vom Guten.«
Benediktsregel, Psalm 38, 2–3

Das Schweigen zu bewahren ist sehr wichtig. Daher erhalten perfekte Schüler nur selten die Genehmigung zu sprechen, auch nicht um gute Worte zu sagen oder heilige Worte zu sprechen, die anderen helfen.

Wie alle anderen klösterlichen Regeln legt auch die Benediktsregel großen Wert auf das Schweigen. Man kann den Weg zu Gott nicht in einem Schwarm von Worten finden, in einem Gemurmel und Geplätscher von verworrenen Reden. Daher wurde in den Klöstern schon sehr früh eine Zeichensprache entwickelt. Diese Sprache wurde, ähnlich wie die Taubstummensprache, mit den Händen gesprochen. Sie ermöglichte es den Mönchen, sich zu verständigen, ohne dass sie sprechen mussten. Diese Zeichensprache war auf das Wesentliche reduziert. In der Abtei von Cluny wurden 296 Zeichen verwendet, um die alltäglichen Aufgaben zu regeln. Einige strengere Orden, wie die Trappisten, hatten die gesprochene Sprache ganz verbannt, es sei denn der oberste Ordensbruder erlaubte in ganz besonderen Situationen ihre Anwendung. Die Zeichensprache erleichterte die nützliche und notwendige Kommunikation, verbannte aber Vertraulichkeiten, Geschwätz und dumme Scherze.

Heute ist diese Zeichensprache in Vergessenheit geraten. Aber Schweigen ist immer noch die Regel.

Rindertopf mit Gewürzbrotsauce

Vorbereitungszeit: 10 Minuten
Ruhezeit: 12 Stunden
Kochzeit: 2 Stunden

Für 4 Personen

1,2 kg Rindfleisch (aus Keule oder Schulter)
2 Zwiebeln
1 Stück Stangensellerie
1 Karotte
1 Bouquet garni
1 Lorbeerblatt
6 EL Olivenöl

1 Zwiebel
1 Knoblauchzehe
150 ml trockener Weißwein
5 Gewürzgürkchen, in Scheiben geschnitten
5 Kapern
2 Scheiben Gewürzbrot (Pain d'épices)
Salz, Pfeffer aus der Mühle

Am Vortag das Rindfleisch in große Würfel schneiden und in einen ofenfesten Tontopf geben. Die Zwiebeln fein hacken, den Stangensellerie würfeln und die Karotte in Scheiben schneiden. Das Gemüse zusammen mit Bouquet garni, Lorbeerblatt sowie 5 Esslöffel Olivenöl zum Fleisch geben und gründlich mischen. Zugedeckt marinieren lassen.

Am nächsten Tag den Backofen auf 180 Grad vorheizen.

Die Fleischmarinade durch ein Sieb abgießen, die Fleischwürfel trocken tupfen.

Die weitere Zwiebel und die Knoblauchzehe fein hacken und in einer schweren Pfanne in 1 Esslöffel Olivenöl andünsten. Die Fleischstücke zufügen und von allen Seiten bei großer Hitze anbraten. Alles in den Tontopf geben und die abgesiebte Marinade darüber verteilen. Im vorgeheizten Ofen 1 Stunde schmoren.

Weißwein, Gewürzgürkchen und Kapern zufügen. Nochmals 1 Stunde schmoren lassen. Dann die Fleischstücke aus dem Topf nehmen und warm stellen.

Die Sauce durch ein Sieb in einen Topf gießen. Das Gewürzbrot, so fein wie Semmelbrösel zerbröseln und die Sauce damit binden. Die Sauce bei kleiner Hitze etwas einkochen lassen. Das Rindfleisch zusammen mit der Sauce sehr heiß servieren.

Dieses Rezept wurde von den Mönchen in der Champagne zubereitet. Hier wird ein aus Roggenmehl hergestelltes Gewürzbrot zum Binden der Sauce verwendet. Das Fleisch schmort langsam im Topf, so wie das berühmte Huhn von König Heinrich IV.

Kalbsbraten mit jungem Wein

Vorbereitungszeit: 10 Minuten
Kochzeit: 40 Minuten

Für 4 bis 6 Personen

1 Kalbsbraten von 1,2 kg (Nuss, Unterschale oder Hüfte)
½ TL getrockneter Thymian oder frische Thymianblättchen
2 Prisen Rosmarin
2 Prisen Bohnenkraut
Olivenöl
4 graue Schalotten, geschält
350 ml neuer Wein (Vin primeur)
100 ml Rahm (Sahne)
Salz, Pfeffer aus der Mühle

Den Backofen auf 200 Grad vorheizen.

Den Braten mit Olivenöl bestreichen und mit den Kräutern einreiben.

In einem Schmortopf Olivenöl erhitzen, die Schalotten anbraten. Dann das Fleisch zufügen und von allen Seiten anbraten. Mit dem Wein bedecken und 20 Minuten im vorgeheizten Ofen schmoren. Den Braten wenden und mit dem Bratfond bestreichen. Die Temperatur auf 180 Grad zurückschalten und nochmals 20 Minuten schmoren. Am Ende der Garzeit salzen und pfeffern.

Den Braten herausnehmen und warm halten. Den Garfond abgießen und zu Saucendicke einkochen. Mit dem Rahm verfeinern und abschmecken. Das Fleisch in Scheiben schneiden und sofort mit der Sauce servieren. Zu diesem Braten passt Pfannengemüse mit Pilzen.

Für dieses Gericht wird der neue Wein verwendet, auch Vin primeur genannt; das ist der Wein, der gerade aus dem Gärbottich kommt. In den Klöstern des Beaujolais bereitet man dieses Rezept mit dem ersten Traubensaft zu, der frisch aus der Presse kommt; er wird Paradies genannt.

Heilig-Geist-Ragout

Vorbereitungszeit: 30 Minuten
Ruhezeit: 1 Nacht
Kochzeit: 3 Stunden

Für 4 Personen

Für das Fleisch:
600 g Rindfleisch (Schulterstück)
600 g Lammfleisch (Schulter)
600 g Schweinefleisch (Hals)
1 Knoblauchzehe
1 Bund Petersilie
1 Bouquet garni
750 ml Weißwein (Sylvaner)

Für die Gemüsebeilage:
1½ kg Kartoffeln
4 Stangen Lauch
2 Karotten
2 Zwiebeln
5 Stangen Staudensellerie
einige Blätter Engelwurz
Salz, Pfeffer aus der Mühle
1 TL Paprika

Die Marinade am Vortag zubereiten. Dazu das Fleisch in Würfel von ungefähr 2 cm Kantenlänge schneiden und in eine Schüssel legen. Die Knoblauchzehe schälen, die Petersilie fein schneiden und beides zusammen mit dem Bouquet garni zufügen. Mit Weißwein übergießen. Über Nacht ziehen lassen.

Am nächsten Tag den Backofen auf 120 Grad vorheizen.

Die Kartoffeln schälen und in Würfel von ungefähr 2 cm Kantenlänge schneiden. Den Lauch waschen und in Scheiben schneiden. Karotten und Zwiebeln schälen und in Scheiben schneiden. Den Staudensellerie putzen und in kleine Stücke schneiden. Eine ofenfeste Form mit Kartoffeln und Zwiebeln auslegen, Lauch, Karotten und Sellerie darauf verteilen.

Das Fleisch aus der Marinade nehmen und abtropfen lassen. Die Marinade durch ein Sieb abgießen. Das Fleisch auf das Gemüse legen. Mit Engelwurzblättern bestreuen. Kräftig salzen und pfeffern. Mit der Marinade übergießen und mit Paprika bestreuen.

Im vorgeheizten Ofen zugedeckt 3 Stunden schmoren. Von Zeit zu Zeit umrühren und darauf achten, dass das Fleisch nicht anbrennt. Heiß servieren.

Dieses Ragout aus drei Fleischsorten heißt »Heilig-Geist-Ragout«, da es mit Blättern der Engelwurz gewürzt wird. Die Engelwurz gilt als Kraut des Heiligen Geistes. Anzumerken ist, dass das Fleisch häufig von alten Tieren stammte. Das Rind war zu wertvoll für die Arbeit auf dem Feld, das Schaf zu wertvoll seiner Wolle wegen. Ihr Fleisch verzehrte man nur, wenn sie nicht mehr produktiv waren. Nur Schweine konnten schon jünger geschlachtet werden.

Osterlamm in der Teighülle

Vorbereitungszeit: 40 Minuten
Kochzeit: 35 Minuten

Für 4 Personen

1,2 kg entbeinte Lammschulter
4 Schweinenetze
Salz und Pfeffer aus der Mühle
Olivenöl
12 Silber- oder Perlzwiebeln
2 Karotten
1 EL fein geschnittene Thymianblättchen
1 Lorbeerblatt
1 EL Essig
200 ml Gemüsebrühe

Für die Füllung:
200 g Kalbfleisch
100 g gesalzener Schweinebauch
2 trockene Scheiben Brioche
100 ml Milch
150 g Pinienkerne
150 g Korinthen
4 kleine Birnen
2 Schalotten
einige Stängel Petersilie
einige Stängel Estragon
1 Ei
gemahlene Muskatnuss

Für die Füllung Kalbfleisch und Schweinebauch klein hacken und in eine Schüssel geben. Die Briochescheiben in Milch einweichen, ausdrücken und zum gehackten Fleisch geben. Pinienkerne und Korinthen beifügen. Die Birnen schälen, entkernen und klein würfeln, Petersilie und Estragon fein schneiden und hinzufügen. Zuletzt Ei und Muskatnuss beigeben und alles gut vermengen.

Den Backofen auf 210 Grad vorheizen.

Die Schweinenetze auf der Arbeitsfläche auslegen. Die entbeinte Lammschulter flach darauflegen. Mit Füllung bestreichen und das Fleisch so einschlagen, dass eine Beutelform entsteht. Mit Salz und Pfeffer würzen und mit dem Schweinenetz fest umhüllen und zusammenbinden, damit die Füllung während des Schmorens nicht austritt.

Olivenöl in einem Schmortopf erhitzen und das Fleisch bei kleiner Hitze rundherum goldbraun anbraten. Die Zwiebeln schälen, die Karotten schälen und in Scheiben schneiden, beides zusammen mit Thymian und Lorbeerblatt zufügen. Mit dem Essig ablöschen, dann die Gemüsebrühe zugießen.

Im vorgeheizten Ofen 35 Minuten schmoren. Von Zeit zu Zeit etwas Gemüsebrühe hinzufügen und das Fleisch immer wieder mit Schmorfond begießen. Mit Frühlingsgemüsen servieren.

Das Osterfest bedeutet das Ende der langen Fastenzeit. In den Klöstern, wo es selten Fleisch gibt, ist das Osterlamm ein Anlass für ein festliches Essen. Traditionell wurde ein ganzes Lamm verwendet, gefüllt und am Spieß gebraten. Bei diesem Rezept wird das Lamm in einer Teighülle (der dafür im Französischen verwendete Begriff »aumonière« bedeutet »Almosenbeutel«) und mit einer Füllung aus Pinienkernen, Birnen und Korinthen zubereitet.

IV

FASTENTAGE

DIE MÖNCHE ALS FISCHER

Vom Fasten und Fischen

In den Klöstern ist Fisch das bevorzugte Lebensmittel für die Fastentage. In einigen strengeren Orden, wie bei den Trappisten, ist allerdings selbst Fisch verboten.

Sardellen, Meeräschen, Aal, Sardinen und vor allem Heringe waren jahrhundertelang die Lieblingsfische. Der Bückling, ein Hering der gesalzen und dann über Buchenholz geräuchert wurde, war mehr als ein Jahr haltbar. Es wurde auch Rochen, Wittling und Scholle verzehrt. Meist wurde der Fisch eingekauft, aber die Mönche sind zuweilen auch selbst Fischer, wie in Irland, wo sie Lachse fangen, oder in Norwegen, wo sie Kabeljau fischen.

Die bretonischen und irischen Mönche erweckten die steinernen Fischteiche der Römer zu neuem Leben. Mithilfe der Gezeiten gingen die Fische in die Falle. In anderen, weiter vom Meer entfernten Klöstern bauten die Mönche Fischteiche, um sich günstig mit den ebenfalls sehr beliebten Süßwasserfischen zu versorgen. Manche Klöster leiteten einen Bach oder einen kleinen Fluss so um, dass er über ihren Grund und Boden floss. So war es dann ein Leichtes, Forellen zu fangen.

Neben der Nutzung für den Eigenbedarf bewirtschafteten die Mönche auch viele Teiche, wie zum Beispiel in den Dombes, und verkauften die nicht selbst benötigten Karpfen, Hechte, Forellen, Schleien, Aale, Flusskrebse usw. weiter.

Die Fische wurden frisch, gesalzen, geräuchert oder getrocknet verzehrt.

Der liturgische Kalender

Im Kloster richten sich auch die Mahlzeiten nach dem liturgischen Kalender. Dieser gibt dem Alltag eine Ordnung und bezeichnet die Feste, mit denen die wichtigen Momente im Jahreslauf gefeiert werden.

Der Sonntag ist in Hinblick auf das Essen ein besonderer Tag. Die Mönche erhalten dann ein aufwendigeres Gericht, reichhaltiger und schmackhafter als an den anderen Tagen üblich: ein würziger Hackfleischauflauf, eine Pastete, ein Braten beispielsweise.

Den großen religiösen Festen gehen jeweils Fastenzeiten voraus, die durch Einschränkungen in der Ernährung gekennzeichnet sind. »Magere« und »fette« Zeiten wechseln sich so das ganze Jahr über ab. Die Regeln für die Fastentage haben sich im Laufe der Zeit verändert: Einer von vier Tagen, bisweilen sogar jeder zweite Tag wurden zu »mageren« Tagen erklärt, das heißt es gab kein Fleisch, keine Butter, keine Milch und auch keine Eier.

Während der Fastentage ließen die Köche ihrer Kreativität freien Lauf, um dennoch schmackhafte Gerichte zu kochen. Fischgerichten kommt hierbei eine große Bedeutung zu, und symbolhafte Zubereitungen erfreuten sich großer Beliebtheit, zum Beispiel klein gehackter Fisch, in Kreuzform serviert.

Merkwürdigerweise sind an den Fastentagen einige Fleischsorten nicht verboten, Biber oder Wildgans etwa, von denen man lange glaubte, sie würden aus Muscheln geboren, die an der Meeresoberfläche schwimmen.

Weihnachten und Ostern bieten Anlass für opulente Festmahle, denen große Bedeutung beigemessen wird. Dies spiegelt sich in der Qualität und in der Quantität der Speisen wieder.

Die Schöpfungsgeschichte

I, 9 Und Gott sprach: »Es sammle sich
das Wasser unter dem Himmel an besondere
Örter, dass man das Trockene sehe.«
Und es geschah also.
Und Gott nannte das Trockene Erde, und die
Sammlung der Wasser nannte er Meer.
Und Gott sah, dass es gut war.

I, 21 Und Gott schuf große Walfische und aller-
lei Getier, das da lebt und webt, davon das
Wasser sich erregte, ein jegliches nach seiner
Art, und allerlei gefiedertes Gevögel,
ein jegliches nach seiner Art. Und Gott sah,
dass es gut war.

1, 22 Und Gott segnete sie und sprach: »Seid
fruchtbar und mehret euch und erfüllt das
Wasser im Meer; und das Gefieder mehre sich
auf Erden.«

I, 23 Da ward aus Abend und Morgen der
fünfte Tag.

Goldbrasse mit dreierlei Kräutern

Vorbereitungszeit: 15 Minuten
Kochzeit: 25 Minuten

Für 4 Personen

2 kleine Goldbrassen à 800 g, geschuppt und ausgenommen
Salz, Pfeffer aus der Mühle
3 weiße oder rosa Zwiebeln
1 kleines Bund Petersilie
1 kleines Bund Estragon
1 kleines Bund Majoran
2 Stängel Basilikum
1 TL getrockneter oder einige Zweige frischer Thymian
1 Glas Weißwein
3 EL Olivenöl

Den Backofen auf 200 Grad vorheizen.

Die Goldbrassen waschen und trocknen. Das Innere der Fische salzen und pfeffern.

Die Zwiebeln schälen und fein hacken. Petersilie, Estragon, Majoran und Basilikum waschen, trocknen und fein hacken. In einer kleinen Schüssel sämtliche Kräuter vermischen.

Eine ofenfeste Form leicht einölen. Die Goldbrassen in die Form legen. Die Zwiebeln um die Fische herum legen, mit den Kräuter bestreuen. Den Weißwein, 1 Glas Wasser und das Olivenöl in die Form gießen. Salzen und pfeffern.

Die Fische im vorgeheizten Ofen ungefähr 25 Minuten garen und dabei regelmäßig mit dem Garfond begießen. Dazu passt ein Tomatencoulis mit Olivenöl und Thymian.

Fisch in der Salzkruste

Vorbereitungszeit: 10 Minuten
Kochzeit: 35 Minuten

Für 6 Personen

1 Seehecht von ca. 1 1/2 kg, geschuppt und ausgenommen
Pfeffer aus der Mühle
1 TL gehackter Dill
2 kg grobes Meersalz
einige Algen (z. B. Wakame)

Den Backofen auf 200 Grad vorheizen.

Das Innere des Fisches unter fließendem Wasser gründlich waschen. Sorgfältig trocknen, pfeffern und mit dem Dill ausstreuen.

Ein Drittel des Meersalzes auf ein Blech schütten. Den Seehecht auf das Salzbett legen. Die Algen auf den Seehecht legen und ihn vollständig mit dem restlichen Salz bedecken. Mit etwas Wasser besprengen und gut andrücken.

Im vorgeheizten Ofen ungefähr 35 Minuten garen. Zum Servieren die Salzkruste vorsichtig aufklopfen, den gegarten Fisch daraus entnehmen, portionieren und filetieren.

Die Mönche von Noirmoutier bewirtschafteten und vergrößerten die Salzgärten seit dem 12. Jahrhundert. Im letzten Jahrhundert hatten sie 12 000 Becken zu betreuen. In jedem dieser Becken wurden 25 bis 50 Kilogramm Salz gewonnen. Wir haben uns von einem Rezept, das im Kloster gekocht wurde, inspirieren lassen.

Lachs mit Nusskruste und wildem Fenchel

Vorbereitungszeit: 15 Minuten
Kochzeit: 20 Minuten

Für 4 Personen

800 g Lachsfilet
200 g gemischte Nüsse (Walnüsse, Haselnüsse, Cashewkerne)
1 Bund Petersilie
3 EL grobkörniger Senf
4 Prisen gemahlener Zimt
6 Schalotten
3 Fenchelknollen
einige Stängel wilder Fenchel oder 1 TL Fenchelsamen
Öl
Pfeffer aus der Mühle

Den Lachs sorgfältig auf Gräten absuchen und diese entfernen.

Walnüsse, Haselnüsse und Cashewkerne im Mixer zerkleinern. Die Petersilie fein hacken. Nüsse, Petersilie, Senf und Zimt in einer Schüssel vermischen. Den Lachs mit der Nussmischung bestreichen.

Die Schalotten schälen, den Fenchel putzen und beides würfeln. In einem Schmortopf etwas Öl erhitzen. Die Schalotten- und Fenchelwürfel darin bei kleiner Hitze einige Minuten andünsten. Den wilden Fenchel oder die Fenchelsamen beigeben. Den Lachs auf das Kräuterbett legen und zugedeckt ungefähr 18 Minuten garen. Mit Pfeffer bestreut servieren.

Forelle mit Walnüssen

Vorbereitungszeit: 15 Minuten
Kochzeit: 8 Minuten

Für 4 Personen

4 Forellen aus Wildfang, geschuppt und ausgenommen
100 g Walnusskerne
1 Schalotte
1 Scheibe geräucherter Speck
Salz, Pfeffer aus der Mühle
30 g Mehl
30 g Butter
Petersilie und Kerbel, gehackt

Die Forellen innen und außen unter fließendem Wasser rasch abspülen. Mit einem Küchentuch trocknen.

Die Walnusskerne zerstoßen. Die Schalotte schälen und fein hacken. Den Speck in Würfel schneiden.

Die Forellen innen und außen salzen, pfeffern und mit Mehl bestreuen. Dabei darauf achten, dass die Mehlschicht nicht zu dick ist, dies würde den feinen Geschmack der wilden Forellen beeinträchtigen.

In einer großen Pfanne die Butter zusammen mit einigen Speckwürfeln bei großer Hitze erhitzen. Die Forellen von beiden Seiten goldbraun anbraten, dann mit einem Schaumlöffel vorsichtig aus der Pfanne nehmen, auf eine Platte legen und warm halten.

Die restlichen Speckwürfel und die Walnüsse in der Pfanne goldbraun anbraten. Petersilie und Kerbel zufügen und umrühren. Die Forellen mit der Nuss-Kräuter-Mischung bestreuen und sofort servieren.

Auf der Suche nach dem Paradies: Mönche reisen

Manche Mönche leben lieber außerhalb der Klostermauern unter den Menschen, als Arme unter Armen. Sie betrachten es als ihre Pflicht, denjenigen nahe zu sein, die leiden. Andere Mönche leben zwar im Kloster, verlassen aber manchmal dessen Mauern und reisen, entweder um in der Ferne einer Aufgabe nachzugehen oder um eine Pilgerreise zu machen. Sie wandern dabei von Kloster zu Kloster und schlafen bisweilen auch unter freiem Himmel. Unter diesen Wandermönchen – früher nannte man sie auch »Gyrovagen«, das bedeutet »Umherwandernde« – gab es wagemutige Reisende. Brendan, ein irischer Mönch aus dem 6. Jahrhundert gehörte dazu, er machte sich auf die Suche nach dem Paradies.

Mit zwölf Gefährten fuhr er in kleinen Booten aus Leder, sogenannten Coracles, übers Meer, winzige Nussschalen in wogenden Wellen. Diese authentische Geschichte schlug sich in vielen Legenden nieder. Diese erzählen zum Beispiel davon, dass die Mönche, die im Übrigen hervorragende Seeleute waren, den Fuß auf eine Insel setzten, die in Wahrheit der Rücken eines Walfisches war, dass sie dem Zorn eines feuerspeienden Vulkans entkamen, sich auf einer Insel aus Kristall niederließen, die dann schmolz, und dass sie einen magischen Ort entdeckten, an dem die Bäume übervoll mit Früchten hingen, alle Steine Edelsteine waren und die Kleider derer, die von dort zurückkehrten, wunderbare Düfte verströmten … Um aber in dieses Paradies zu gelangen, war eine Bedingung zu erfüllen: Man musste ein reines Herz haben. Wer immer versuchte, diesen wunderbaren Ort zu erreichen, ohne ein reines Herz zu haben, der kam in den Abgründen um.

Ein wundervoller Initiationsritus, real und imaginär. »Die Reisen des heiligen Brendan« war die Bettlektüre vieler Seeleute, so auch von Admiral Don Cristobal Colón, bekannt unter dem Namen Christoph Kolumbus, der sich für seine Expeditionen im Atlantischen Ozean in diesem Buch inspirierte.

V

DIE FRÜCHTE DES OBSTGARTENS

DIE MÖNCHE ALS BAUMPFLEGER UND OBSTBAUERN

Spalierkultur

In den Alleen der Klöster finden wir Lauben mit Spitzbögen, kleine rustikale Hecken aus Buchs, Hainbuche, Klematis, duftenden Rosen oder Geißblatt ... Nichts dient allein dem Schmuck, nichts der bewussten Zurschaustellung. Alles ist von reiner Schlichtheit, wohlgeordnet.

An den Mauern ranken sich Weinreben, Pfirsichbäume, Birnbäume, Apfelbäume, blühende Mandelbäume. Die Mönche mögen Spalierbäume. Bei einem Birnbaum ist ein dünner Ast mit einem Stück Bast an eine vertikale Rankhilfe gebunden. Die Äste werden gebogen und an zwei Eisendrähten an der Mauer entlang hochgeführt. Bald müssen die Triebe gestutzt, einige Blätter geschnitten werden, und ein schneller Schlag mit der Baumhippe wird die Spitze des Stammes kürzen, damit der Saft in die seitlichen Äste fließt, die das Obst tragen werden.

Im Laufe der Jahreszeiten lassen die Mönche so die Mauern mit einem dichten Geflecht von Ästen erblühen. Spaliere sind eine bescheidene Art, die Schöpfung zu feiern, und wurden in den Klöstern seit dem 18. Jahrhundert entwickelt. Etwas prosaischer betrachtet, erleichtern Spalierbäume die Ernte. Im Frühjahr erscheinen die ersten zarten Sprosse, die Blüten trunken von den zahlreichen Bienen, die Früchte röten sich. Im Sommer zeichnen die Üppigkeit der reifen Früchte und das schattige Gewölbe der Blätter bunte Glasfenster in den Himmel. Im goldenen Herbst überzieht die Farbenpracht der bunten Blätter die Spaliere. Dann folgt der raue Winter, die Äste wie ein Skelett, wie fleischlose Arme, vom tödlichen Frost gebissen, mit rostigen Nägeln gekreuzigt.

Alles ist nichtig.

Aber bald drängt unter der Schneedecke neuer Saft nach oben. Der Gärtner-Mönch inspiziert die Spaliere. Haben sie dem Winter standgehalten? Er hackt am Fuße der Bäume, schneidet abgefrorene Äste, pflegt Verletzungen und bereitet neue Pfropfe vor.

Kräftiger als je zuvor werden sich die Äste der Spalierbäume in den Himmel recken.

Rhabarberkonfitüre

Vorbereitungszeit: 20 Minuten
Ruhezeit: 12 Stunden
Kochzeit: 15 Minuten

Für 4 Gläser à 250 g

1,2 kg Rhabarber
800 g Kristallzucker
1 Zitrone, Saft

Den Rhabarber waschen, die Fäden abziehen und die Stangen in Würfel schneiden.

Den Rhabarber abwechselnd mit dem Zucker in eine Schüssel schichten. Mit dem Zitronensaft begießen. Mit Pergamentpapier bedeckt kühl stellen und 12 Stunden ziehen lassen.

Die Rhabarber-Zucker-Mischung in einen Marmeladentopf geben und unter Umrühren zum Kochen bringen. 15 Minuten leicht sprudelnd kochen lassen, dabei von Zeit zu Zeit den Schaum abschöpfen.

Etwas Konfitüre auf einen kleinen Teller geben, um zu überprüfen, ob sie geliert. Wenn sie schnell fest wird, ist sie genügend gekocht. Anderenfalls noch einige Minuten weiterkochen.
Den Topf vom Herd nehmen und nochmals den Schaum abschöpfen, der sich an der Oberfläche gebildet hat.

Die Konfitüre in sterilisierte Gläser abfüllen, luftdicht verschließen und die Gläser kurz auf den Kopf stellen. Die Gläser an einem kühlen, dunklen Ort aufbewahren.

Konfitüre aus schwarzen Kirschen und Walnüssen

Vorbereitungszeit: 20 Minuten
Kochzeit: 25 Minuten

Für 6 Personen

1,2 kg schwarze Kirschen
80 g Walnusskerne
900 g Kristallzucker
1 EL Kirschschnaps

Die Kirschen waschen, die Stiele entfernen und die Früchte entsteinen, dabei entstehenden Saft auffangen. Die Kirschen klein würfeln. Die Walnusskerne hacken.

Kirschen, Walnusskerne und Zucker in einen Marmeladentopf geben. Langsam zum Kochen bringen. Den Schaum abschöpfen und alles ungefähr 20 Minuten kochen lassen. Vom Herd nehmen, den Kirsch zufügen und umrühren.

Die Konfitüre in sterilisierte Gläser füllen, luftdicht verschließen und kurz auf den Kopf stellen. Die Gläser an einem kühlen dunklen Ort aufbewahren.

Apfelkonfitüre mit Rotwein

Vorbereitungszeit: 20 Minuten
Ruhezeit: 1 Nacht
Kochzeit: 20 Minuten

Für 6 Personen

1,2 kg Äpfel
2 Zitronen, Saft
120 ml Rotwein
600 g Kristallzucker

Am Vortag die Äpfel waschen, schälen, entkernen und in Stücke schneiden. Die Apfelstücke in eine flache Schüssel legen. Mit dem Zitronensaft begießen und mit Frischhaltefolie bedeckt über Nacht ziehen lassen.

Am nächsten Tag den Rotwein und 120 ml Wasser über die Äpfel gießen. Den Zucker zufügen. Gut mischen und alles in einen Marmeladentopf geben. Langsam zum Kochen bringen und leicht sprudelnd ungefähr 15 Minuten kochen lassen, dabei regelmäßig umrühren. Den Schaum abschöpfen und weitere 5 Minuten kochen.

Die Konfitüre in sterilisierte Gläser füllen, luftdicht verschließen und kurz auf den Kopf stellen. Die Gläser an einem kühlen dunklen Ort aufbewahren.

Clementinenmarmelade

Vorbereitungszeit: 20 Minuten
Ruhezeit: 1 Nacht + 12 Stunden
Kochzeit: 40 Minuten

Für 6 Personen

1 1/2 kg unbehandelte Clementinen
1 unbehandelte Zitrone
1 Zimtstange
600 g Kristallzucker

Die Clementinen und die Zitrone waschen und abbürsten. Die Früchte in feine Scheiben schneiden. Die Kerne entfernen und in ein kleines Mullsäckchen binden. Dieses Säckchen in eine kleine Schüssel legen und mit kaltem Wasser bedecken.

Die Clementinen- und Zitronenscheiben in einen Marmeladentopf geben und mit Wasser bedeckt über Nacht ziehen lassen.

Am nächsten Tag Clementinen und Zitronen langsam zum Kochen bringen und leicht sprudelnd 20 Minuten kochen lassen. Dabei regelmäßig den Schaum abschöpfen. Vom Herd nehmen, die Zimtstange zufügen und erneut 12 Stunden ziehen lassen.

Den Zucker, das Säckchen mit den Kernen und dessen Einweichwasser in den Marmeladentopf geben. 20 Minuten leicht köcheln lassen. Etwas Marmelade auf einen kleinen Teller geben, um zu prüfen, ob sie ausreichend geliert. Wenn sie schnell fest wird, ist sie genügend gekocht. Anderenfalls die Kochzeit um einige Minuten verlängern.

Die Marmelade nochmals aufkochen, die Zimtstange entfernen. Die Marmelade in sterilisierte Gläser füllen, luftdicht verschließen und kurz auf den Kopf stellen. Die Gläser an einem kühlen dunklen Ort aufbewahren.

Die Clementine geht auf den Trappistenmönch Clement zurück. Anfang des 20. Jahrhunderts kreuzte er einen Mandarinenbaum mit einem Bitterorangenbaum.

Hagebuttenkonfitüre

Kochzeit: 40 Minuten

Für 4 Gläser à 250 g

1,4 kg Hagebutten
1 Zitrone, Saft
900 g Kristallzucker

Die Hagebutten waschen und halbieren. Kerne und Härchen sorgfältig entfernen. Die Früchte in einen großen Topf geben, mit Wasser bedecken und langsam zum Kochen bringen. Leicht sprudelnd ungefähr 25 Minuten kochen lassen.

Anschließend die Früchte durch die Gemüsemühle (Flotte Lotte) drehen. Das Fruchtfleisch in einen Marmeladentopf geben. Zitronensaft und Zucker zufügen. Alles unter ständigem Rühren langsam zum Kochen bringen. Leicht sprudelnd 8 bis 10 Minuten kochen lassen.

Die Konfitüre in sterilisierte Gläser füllen, luftdicht verschließen und kurz auf den Kopf stellen. Die Gläser an einem kühlen dunklen Ort aufbewahren.

Hagebutten sind die Früchte des wilden Heckenrosenstrauchs. Sie werden im Herbst gepflückt. Ihre feinen Härchen verursachen Juckreiz, deshalb werden sie zum Scherz gerne als Juckpulver verwendet.

Quittenbrot

Vorbereitungszeit: 20 Minuten
Kochzeit: 35 Minuten
Ruhezeit: 3 Tage

Für 6 Personen

900 g Quitten (ca. 500 g Fruchtfleisch)
1 Zitrone, Saft
ca. 500 g Kristallzucker
4 EL sehr feinkörniger Zucker

Die Quitten waschen, trocknen, vierteln und in einen Marmeladentopf geben. Fortlaufend mit Zitronensaft beträufeln, damit sie nicht verfärben. 1 Glas Wasser zufügen und alles leicht sprudelnd 15 Minuten kochen lassen.

Die Quitten abgießen, schälen, Kerngehäuse und Kerne entfernen. Das Fruchtfleisch durch die feine Scheibe der Gemüsemühle (Flotte Lotte) drehen. Das Fruchtfleisch abwiegen und die gleiche Menge Kristallzucker abmessen. Beides in den Marmeladentopf geben, langsam zum Kochen bringen und 20 Minuten leicht sprudelnd kochen lassen, dabei regelmäßig umrühren. Den Kochvorgang gut überwachen.

Die Quittenmasse ungefähr 2 cm dick auf ein mit Pergamentpapier belegtes Brett streichen. Mit einem Spatel glatt streichen. Das Quittenbrot 3 Tage an einem kühlen, trockenen Ort ruhen lassen.

Das Quittenbrot mit einem angefeuchteten Messer in Vierecke schneiden. Mit feinem Zucker bestreuen. In einer Metalldose aufbewahren.

Der Quittenbaum ist ein genügsamer und großzügiger Baum, der sich mit wenig zufrieden gibt, ein karges Dasein fristet und sich selbst auf schlechtem Boden gut entwickelt. Ein Ideal der Askese. Seine Frucht, die im Herbst reift, ist nicht für den schnellen Genuss geeignet. Die Mönche verarbeiten sie zu Gelee, Konfitüre, Kompott oder Quittenbrot.

Franz von Assisi, der Mann, der zu den Vögeln sprach

Franz von Assisi wurde 1182 als Sohn einer wohlhabenden Familie in der kleinen Stadt Assisi, nördlich von Rom geboren. Er ist der Spross einer alten, reichen und berühmten Kaufmannsfamilie, der Bernardone. Sein Vater reist, der Geschäfte wegen, häufig nach Frankreich; deshalb geben er und seine Frau Pica ihrem Sohn den Namen Francesco oder Franz.

Francesco Bernardone verlebt eine wohlbehütete Kindheit und Jugend. Er ist ein fröhlicher junger Mann, der gerne feiert und dem eine glänzende Zukunft offen steht. Aber im Alter von 23 Jahren vollzieht dieser junge Mann, dessen Schicksal so klar vorgezeichnet schien, eine Kehrtwende. Er zieht sich in eine Höhle zurück, beginnt zu meditieren und inbrünstig zu beten. Er gibt sein Geld den Armen, wirft seine Brokatkleidung weg und hüllt sich in ein einfaches Gewand, um nach dem Evangelium zu leben.

Ein Aufschrei des Entsetzens erschallt in der Familie angesichts der unverantwortlichen Haltung des Jungen: Man bedroht ihn, man schmeichelt ihm, sagt ihm, dass es sich nur um eine Laune handle, dass er noch jung sei und dass ihm diese Ideen wieder vergehen werden. Drei Jahre später verzichtet Francesco Bernardone in der Kathedrale von Assisi öffentlich auf sein Vermögen. Er wird von nun an »arm unter Armen« leben.

Als Einsiedler lässt er sich im Wald in der Nähe von Assisi nieder, begleitet von einigen Gefährten, die von seiner Entschlossenheit beeindruckt und überzeugt waren. »El poverello« (der kleine Arme), wie er oft genannt wurde, wird durch seine Predigten und seine Heilkünste bald bekannt. Er pflegt Leprakranke und andere Bedürftige.

Im Jahr 1215 erhielt er vom Papst die Genehmigung, den Franziskanerorden zu gründen. Nach wenigen Jahren sind es schon Tausende, alle Laien, die ihr Leben ändern und sich den Armen widmen wollen. Mit ihrer Bescheidenheit werden die Franziskaner ganz Europa erobern.

Am Ende seines Lebens hat Franz von Assisi seinen »Sonnengesang« geschrieben, eine Ode an die Schöpfung, in der er voller Inbrunst den Mond, die Sonne, die Sterne, den Wind, die Wolken, die Erde und alle ihre Bewohner preist. Franz von Assisi starb am 4. Oktober 1226 in der Nähe seiner Geburtsstadt.

Der Sonnengesang des Franz von Assisi

Höchster, allmächtiger, guter Herr,
dein sind der Lobpreis, die Herrlichkeit und Ehre
und jeglicher Segen.
Dir allein, Höchster, gebühren sie,
und kein Mensch ist würdig, dich zu nennen.

Gelobt seist du, mein Herr,
mit allen deinen Geschöpfen,
zumal dem Herrn Bruder Sonne;
er ist der Tag, und du spendest uns das Licht
durch ihn.
Und schön ist er und strahlend in großem Glanz,
dein Sinnbild, o Höchster.

Gelobt seist du, mein Herr,
durch Schwester Mond und die Sterne;
am Himmel hast du sie gebildet,
hell leuchtend und kostbar und schön.

Gelobt seist du, mein Herr,
durch Bruder Wind und durch Luft und Wolken
und heiteren Himmel und jegliches Wetter,
durch das du deinen Geschöpfen den Unterhalt
gibst.

Gelobt seist du, mein Herr,
durch Schwester Wasser,
gar nützlich ist es und demütig und kostbar
und keusch.

Gelobt seist du, mein Herr,
durch Bruder Feuer,
durch das du die Nacht erleuchtest;
und schön ist es und liebenswürdig und kraft-
voll und stark.

Gelobt seist du, mein Herr,
durch unsere Schwester, Mutter Erde,
die uns ernährt und lenkt
und vielfältige Früchte hervorbringt
und bunte Blumen und Kräuter.

Gelobt seist du, mein Herr,
durch jene, die verzeihen um deiner Liebe willen
und Krankheit ertragen und Drangsal.
Selig jene, die solches ertragen in Frieden,
denn von dir, Höchster, werden sie gekrönt
werden.

Gelobt seist du, mein Herr,
durch unsere Schwester, den leiblichen Tod;
ihm kann kein Mensch lebend entrinnen.
Wehe jenen, die in schwerer Sünde sterben.
Selig jene, die sich in deinem heiligsten
Willen finden,
denn der zweite Tod wird ihnen kein Leid
antun.

Lobt und preist meinen Herrn
und sagt ihm Dank und dient ihm mit großer
Demut.

(Aus: Das Erbe eines Armen. Die Schriften des Franz von Assisi, hrsg. von Leonhard Lehmann, Topos Plus, 2003, franziskaner.de)

Feigen-Geleefrüchte

Vorbereitungszeit: 15 Minuten
Kochzeit: 1 Stunde
Ruhezeit: 2 Tage

Für 6 Personen

1 kg Feigen
ca. 1 kg Zucker
1 Zitrone, Saft
1 EL Obstschnaps
1 EL neutrales Öl
4 EL etwas grobkörnigerer Zucker

Die Feigen schälen. In einen Topf geben, 150 ml Wasser zufügen und 20 Minuten kochen lassen.

Das Feigenkompott abwiegen. Genauso viel Zucker abmessen. Kompott und Zucker mischen. Den Zitronensaft hinzufügen. Bei kleiner Hitze ungefähr 40 Minuten köcheln, dabei regelmäßig umrühren. 5 Minuten vor Ende der Kochzeit den Obstschnaps zufügen.

Eine Platte leicht einölen. Das Gelee auf die Platte gießen. 2 Tage an einem kühlen, trockenen Ort fest werden lassen.

Das Gelee mit einem angefeuchteten Messer in Vierecke oder Rechtecke schneiden. Auf ein Gitter legen und 1 Tag lang trocknen lassen. Die Geleefrüchte in Zucker wenden und in einer luftdicht verschlossenen Dose aufbewahren.

Geleefrüchte aus roten Früchten

Vorbereitungszeit: 10 Minuten
Kochzeit: 10 Minuten
Ruhezeit: 12 Stunden

Für 10 Personen

500 g rote Früchte (Brombeeren, schwarze Johannisbeeren, Heidelbeeren, Johannisbeeren)
400 g Gelierzucker
100 g Kristallzucker

Die Früchte kurz waschen und trocknen.

250 ml Wasser in einem Topf erhitzen, die Früchte zufügen und mehrmals aufkochen lassen. Durch ein Sieb streichen, dabei das Fruchtfleisch gut ausdrücken. Das Fruchtfleisch pürieren.

Fruchtfleisch und Gelierzucker in einem Marmeladentopf sprudelnd kochen lassen. Dabei ständig umrühren.
Wenn alles Wasser verdampft ist und das Gelee fester wird, den Topf vom Herd nehmen.

Ein Stück Pergamentpapier auf ein Blech legen, das Fruchtgelee darauf verteilen, mit einem Spatel glatt streichen und mindestens 12 Stunden ruhen lassen.

Das gut abgetrocknete Gelee mit Zucker bestreuen und in einer luftdicht verschlossenen Dose aufbewahren.

Erdbeer-Geleefrüchte

Vorbereitungszeit: 15 Minuten
Kochzeit: 40 Minuten
Ruhezeit: 2 Tage

Für 6 Personen

1,2 kg Erdbeeren
300 ml Apfelsaft
ca. 1 kg Kristallzucker
1 Zitrone, Saft

Die Erdbeeren waschen und den Stielansatz entfernen. Mit 50 ml Wasser in einem großen Topf bei kleiner Hitze kochen.

Das Erdbeerkompott zusammen mit dem Apfelsaft abwiegen und genauso viel Zucker abmessen. Alles in einen Marmeladentopf geben und den Zitronensaft zufügen. Aufkochen, dabei regelmäßig den Schaum abschöpfen. Bei großer Hitze 35 Minuten kochen lassen, dabei regelmäßig umrühren.

Den Boden einer Form mit hohem Rand einölen. Das Erdbeergelee hineingießen und 2 Tage fest werden lassen. Mit einem leicht eingeölten Messer in Vierecke oder Rechtecke schneiden. Diese in Zucker wenden und in einer luftdicht verschlossenen Dose aufbewahren.

Der klösterliche Obstgarten

»Dann legte Gott, der Herr, in Eden, im Osten, einen Garten an und setzte dorthin den Menschen, den er geformt hatte.«
Genesis, II, 8

Der Garten liegt in der Mitte des Klosters. Er nimmt dort einen beträchtlichen Platz ein und erinnert daran, dass der Garten Eden der Bibel ein wunderbarer Ort war. Bedeutet das Wort »Paradies« nicht »ein von Mauern umgebener Obstgarten«?

Die klösterlichen Obstgärten sind Miniaturparadiese. Genau wie der Garten Eden von vier Flüssen begrenzt wurde, so wird der Obstgarten des Klosters durch hohe Mauern begrenzt. Im Verborgenen arbeiten die Gärtner Gottes an seinem Glanz. Denn der Obstgarten wie auch der Gemüsegarten, der Heilkräutergarten, der Küchenkräutergarten und der Blumengarten – sie alle sind mehr als ein Ort, der es den Mönchen erlaubt, »im Schweiße ihres Angesichts« in Autarkie zu leben. Es ist vielmehr ein Symbol für die himmlische Harmonie, die es zu erlangen gilt.

Im Laufe der Jahrhunderte haben die Mönche eine wichtige Rolle in der Erhaltung der Obstsorten gespielt, und ihre Gärten sind voll seltener Obstbäume. Als die Kartäusermönche noch den Garten bearbeiteten, der später zum Jardin de Luxembourg in Paris wurde, hatten sie 83 verschiedene Birnensorten in ihrem Obstgarten.

Die in den Klöstern am häufigsten verzehrten Früchte sind Äpfel, Birnen und Trauben. Sie erfordern wenig Arbeit und halten Temperaturschwankungen gut stand. Sie schmecken roh ebenso gut wie gekocht, in Kuchen, Pasteten, Pfannkuchen oder als Fruchtgelee. Sie lassen sich sehr vielseitig verwenden: für Süßspeisen, Konfitüren, Trockenfrüchte, und natürlich wird aus Trauben auch Wein gemacht. Viele dieser Produkte wurden zu einer Spezialität der Ordensgeistlichen.

Getrocknete Birnen mit Gewürzen

Vorbereitungszeit: 15 Minuten
Kochzeit: 10 Stunden + 8 Stunden

Für 6 Personen

6 Birnen
50 g brauner Zucker
6 Prisen gemahlener Zimt
6 kleine Prisen gemahlener Pfeffer

Den Backofen auf 50 Grad vorheizen.

Die Birnen waschen, halbieren und das Kerngehäuse entfernen. In einer kleinen Schüssel Zucker, Zimt und Pfeffer vermischen. Etwas der Gewürzmischung in die Höhlung der Birnen geben. Die Birnen auf ein mit Pergament belegtes Backblech legen und im vorgeheizten Ofen ungefähr 10 Stunden trocknen lassen. Die Birnen sind dann halb getrocknet und können so genossen werden; sie können aber auch nochmals weitere 6 Stunden getrocknet werden.

Die getrockneten Birnen mit der flachen Hand oder mit einem Hammer schlagen und nochmals 2 Stunden trocknen.

Lauwarm oder kalt, mit einem cremigen Joghurt servieren.

Diese Birnen, die in Frankreich »poires tapées« heißen, waren im 17. Jahrhundert sehr bekannt. In den Klöstern knabberte man diese Leckerei wie Trockenfrüchte. Wenn die Birnen oder auch Äpfel fast vertrocknet und steinhart waren, klopfte man sie mit einem Holzhammer, von französisch »taper« stammt denn auch die Bezeichnung. Der dafür verwendete Hammer hatte bisweilen einen speziellen Aufdruck, der dann auf den Birnen oder Äpfeln einen Abdruck hinterließ und von manchen Klöstern auch zur Kennzeichnung ihrer Produkte verwendet wurde.

Pochierte Johannisbirnen

Vorbereitungszeit: 10 Minuten
Kochzeit: 15 Minuten

FÜR 4 PERSONEN

1 unbehandelte Orange
600 ml süßer Rotwein
4 EL brauner Zucker
1 Gewürznelke
1 kleine Zimtstange
3 Prisen gemahlener Ingwer
1 Vanilleschote, Mark ausgekratzt
8 kleine Birnen

Die Orange waschen und die Schale fein abreiben. Wein, Zucker, abgeriebene Orangenschale und die Gewürze in einen Topf geben. Langsam bis zum Siedepunkt erhitzen.

Die Birnen schälen, den Stiel aber nicht entfernen. Vom unteren Ende her mit einem spitzen Messer etwas aushöhlen.
Die Birnen zum Gewürzwein in den Topf geben und ungefähr 12 bis 15 Minuten sieden. Die Birnen im Wein abkühlen lassen.

Dann die Birnen sorgfältig abtropfen lassen. Den Gewürzwein bei kleiner Hitze zu einem Sirup einkochen.

Die Birnen mit etwas Sirup beträufelt servieren.

ANMERKUNG:
Das Fest des Evangelisten Johannes wird am 27. Dezember gefeiert und hat nichts mit dem Fest Johannes des Täufers zu tun, das am 24. Juni traditionell mit Feuern im Freien gefeiert wird.

Im Laufe der Jahrhunderte haben die Mönche eine wichtige Rolle bei der Erhaltung der verschiedenen Obst- und Gemüsesorten gespielt. Ihre Gärten quellen von seltenen Obstbaumsorten und vergessenen Gemüsen über. Die Vielfalt an Apfel- oder Birnensorten ist erstaunlich. Im Sommer reifen die kleine Muskatellerbirne, die Rousselet de Reims, auch Abrahämchen genannt, oder die Bergamottebirne, im Herbst die köstliche Mesir-Jean-Birne, die Martin Sec oder die Graubirne. Der Winter schließlich ist die Zeit von Marquise, Ambrette, Jalousie und Johannisbirne. In diesem Rezept kommt die rustikale und schmackhafte Johannisbirne zu Ehren, die an Weihnachten reif ist. Gekocht schmeckt sie besser als roh, vor allem in Kuchen, Aufläufen oder als Fruchtgelee.

ANEE - TRAPPE

Im Herzen der Bibliotheken

Was findet man in den Klosterbibliotheken? Die Antwort variiert je nach den Epochen, den religiösen Orden und den Kriterien, die vom jeweiligen Superior vorgegeben wurden. Zur Zeit der großen Invasionen waren die Klöster ein Zufluchtsort für Bücher. Die Mönche verhinderten die Zerstörung von Tausenden von weltlichen und religiösen Werken, indem sie sie in geduldiger Arbeit abschrieben und vervielfältigten. Noch heute kann man in den prächtigen Bibliotheken der großen Klöster in wundervoll gebundenen Pergamenten, in üppig mit Buchmalereien geschmückten Bibeln und in Inkunabeln von unschätzbarem Wert nachschlagen. Nach der Erfindung des Buchdrucks nahm die Menge der Bücher und vor allem der Bibelausgaben in allen Klöstern zu. Das Buch der Bücher, die Bibel, hat seinen Namen übrigens vom griechischen *biblos,* was »Bibliothek« bedeutet.

Manche Orden, wie die Cluniazenser oder die Dominikaner, die sich durch ein intensives Geistesleben auszeichneten, waren stolz auf ihre Bibliotheken, die Tausende von gelehrten Werken enthielten. Zisterzienser und Franziskaner, Orden, die mehr auf die körperliche Arbeit ausgerichtet waren, begnügten sich mit einigen frommen Werken.

Weltliche Lektüre war nur spärlich vorhanden. Was die praktischen Lebensbereiche betraf (Küche, Baumkultur, Heilpflanzen usw.) brauchte man die Zustimmung des Superiors, der meist dem Rat der Mönche folgte, die mit diesen Aufgaben befasst waren. Im Allgemeinen gab man sich mit einem großen Referenzwerk zufrieden, das im Schrank aufbewahrt wurde. Heutzutage sind in den Klöstern, die wir besucht haben, Rezeptbücher selten. Dieses Wissen wurde hauptsächlich mündlich übermittelt.

VI

DER KRÄUTER-GARTEN

DIE MÖNCHE ALS HEILKRÄUTERKUNDIGE

Der Kräutergarten ist der Garten der Heilkräuter

Mönche und Nonnen wirkten lange Zeit auch als Apotheker und Ärzte, da sie das Wissen darüber aus dem Altertum bewahren und weiterentwickeln konnten.

Heilkräuter sind Pflanzen, die als Aufguss, als Dekokt (wässriger Extrakt), als Salbe oder als Pille verwendet werden. Alle Teile einer Pflanze können verwendet werden: Die Sprosse, die Blütenblätter, die Früchte, der Stiel und die Wurzeln. Heilpflanzen gibt es zahlreiche, und sie ergänzen sich oft in ihren heilenden Eigenschaften: Melisse, Eisenkraut, Lavendel, Schafgarbe, Brennnessel, Ackerkraut, Kamille, Mohn, Männertreu, Christrose, roter Wein, Schlüsselblume und viele mehr.

Die Ernte ist sehr wichtig. Alles läuft nach genau festgelegten Regeln ab. Die Pflanzen werden nicht gepflückt, sondern sorgfältig geschnitten. Um sich ihre subtilen Energien am besten nutzbar zu machen, werden einige Pflanzen, wie das Eisenkraut, vorzugsweise zum Johannistag, zur Sommersonnenwende, gepflückt. Und damit die Heilkräuter besonders wirkungsvoll sind, werden sogar genaue Zeiten zum Schneiden empfohlen: Vom Anfang des Sonnenaufgangs bis zum Sonnenuntergang, sagt Hildegard von Bingen. Dann werden Gebete gesprochen, die das Werk Gottes loben und um Hilfe und Schutz bitten.

Die Mönche verwenden häufig und regelmäßig Kräuteraufgüsse. In ihrem Kräuterladen gibt es zahlreiche getrocknete Pflanzen, aus denen sie einen Sud oder Aufgüsse herstellen. In vielen Klöstern gibt es das ganze Jahr über Kuren mit Kräutertees oder Kräuteraufgüssen.

Das Klosterherbarium

Im berühmten »Capitulare de Villis«, das unter der Herrschaft von Karl dem Großen erstellt wurde, ist genau festgelegt, welche Pflanzen in den Klostergärten und welche in den Gärten des Kaisers angepflanzt werden sollen. Alle diese Pflanzen (siehe folgende Seiten) können für die Ernährung und als Heilmittel verwendet werden.

Salbei
Der Name kommt von lateinischen *salvare* und bedeutet »heilen«. Salbei heilt fast alle Übel. Er war die Lieblingspflanze aller Mönche, die im Mittelalter in den Gärten arbeiteten. Er wirkt stimulierend und ausgleichend. Sein Duft würzt Braten, Schmorgerichte und Gemüseeintöpfe.

Bohnenkraut
Die kleinen Blättchen sind wunderbar geeignet, um sanft zu kräftigen. Sie würzen aber auch Ziegenkäse, Pizzen und Gemüsen. Es empfiehlt sich, Kohl oder Hülsenfrüchte mit Bohnenkraut zu würzen, da dieses Verdauungsproblemen vorbeugt.

Oregano
Oregano ist ein hervorragendes Verdauungsstimulans. Er wird häufig als Gewürz für Salat, Tomatensauce und Teigwaren verwendet. Als Aufguss bewirkt er bei Bronchitis und Husten Linderung.

Petersilie
Petersilie gilt als Allheilmittel für alle kleinen Übel; sie wirkt entwässernd, verdauungsfördernd und ausgleichend. Um von ihrem hohen Gehalt an Vitamin C zu profitieren, kann man sie in großen Mengen für Salate verwenden.

Dill
Dill hat verdauungsfördernde Eigenschaften. Der Geschmack geräucherter Fische, Suppen und Getränke wird durch sein delikates Aroma hervorgehoben.

Basilikum
In verschiedenen Kulturen ist Basilikum ein heiliges Kraut. Es ist bekannt dafür, Körper und Geist zu stimulieren und bei Überarbeitung zu beruhigen. Klassisch ist die Verbindung von Basilikum mit Tomaten und Nudeln, aber seine fein geschnittenen Blättchen würzen ebenso Salate und Fleischfüllungen.

Kerbel
Kerbel ist als Diuretikum bekannt. Das Dekokt kann als Lotion verwendet werden und schafft Erleichterung bei Augenproblemen. In der Küche wird Kerbel meist roh verwendet, um sein feines Aroma zu erhalten.

Minze
Aufgrund ihrer entzündungshemmenden Eigenschaften eignet sich die Minze zur Heilung aller Atemwegsprobleme. Sie wirkt leicht stimulierend und regt die Verdauung an. Sie verstärkt den Geschmack von Gemüsen und Getreide und passt hervorragend zu Lammfleisch.

Koriander
Wirkt appetitanregend. Eine schöne Pflanze, von der man die Blätter und die Samen verwendet. In der Küche passt Koriander ganz hervorragend zu Getreide und zu Brot. Auch zum Aromatisieren von Likören wird er gerne verwendet.

Schnittlauch
Schnittlauch gehört zur selben Familie wie Schalotten und Zwiebeln. Auf den Organismus wirkt er anregend und stärkend. Mit seinen Zwiebeln, Stängeln oder Blüten werden Salate gewürzt.

Engelwurz
Engelwurz wirkt stärkend und stimulierend und hat zahlreiche heilende Eigenschaften. Früher wurde sie als Gegengift verwendet. Wurzeln, Stiele und Samenkörner werden als Dekokt oder Kräutertee verwendet.

Fenchel
Fenchel war schon im alten Ägypten als Würz- und Heilmittel bekannt. Er regt die Verdauung an, aus seinen Samen wird ein köstlicher Kräutertee zubereitet. Stängel und Blätter dienen zum Würzen von Fischgerichten. Fenchelknollen eignen sich für Salate, können aber auch dampfgegart oder geschmort werden.

Erfrischender Kräutertee aus Engelwurz

Vorbereitungszeit: 5 Minuten
Ziehen: 8 bis 10 Minuten

Für 1 Person

1 Tasse Wasser
1 TL Engelwurzsamen

Das Wasser zum Sieden bringen und über die Engelwurzsamen gießen. Zudecken und 8 bis 10 Minuten ziehen lassen.

Den Kräutertee absieben und möglichst warm trinken.

Engelwurz wirkt auf den Organismus sanft stimulierend. Dieser Kräutertee wird gerne nach einem fetten, schwer verdaulichen Essen getrunken.

Blähungswidriger Tee

Vorbereitungszeit: 5 Minuten
Kochzeit: 5 bis 7 Minuten

Für 1 Liter Kräutertee

5 g Fenchelkörner
5 g Aniskörner
5 g Korianderkörner
5 g Kreuzkümmelkörner

Die Körner in einer kleinen Schüssel vermischen. Pro Tasse 1 Teelöffel abmessen.

Das Wasser aufkochen und über die Körner gießen. Zudecken und 5 bis 7 Minuten ziehen lassen. Absieben.

Dieser Kräutertee wird nach dem Essen getrunken, er wirkt verdauungsfördernd.

Reinigender Kräutertee

Vorbereitungszeit: 5 Minuten
Ziehenlassen: 7 Minuten

Für 1 Liter Kräutertee

5 g Salbeiblätter
5 g Thymian
5 g Rosmarin
5 g Oregano
5 g Minzeblätter

Die Kräuter in einer kleinen Schüssel vermischen. Pro Person bzw. Portion 1 Teelöffel davon abmessen.

1 Liter Wasser in einem großen Topf oder einem Wasserkocher zum Sieden bringen und über die Kräutermischung gießen. Zugedeckt 5 bis 7 Minuten ziehen lassen. Absieben.

Pro Tag sollten nicht mehr als 2 Tassen von diesem Kräutertee getrunken werden.

Dieser reinigende Kräutertee wirkt blähungswidrig und ist hervorragend für alle Verdauungsprobleme geeignet. Für eine höhere Wirksamkeit sollten die Blätter nicht zerdrückt werden.

MINZE, ROSMARIN UND THYMIAN

Reinigendes Dekokt aus Lindenholz

Vorbereitungszeit: 15 Minuten
Kochzeit: 15 Minuten

FÜR 1 PERSON

1 EL Lindensplintholz
500 ml Wasser

Das Lindenholz 15 Minuten im Wasser einweichen lassen, dann zum Kochen bringen und leicht sprudelnd 15 Minuten kochen lassen. Durch ein Sieb abgießen.

Morgens beim Aufstehen 1 Tasse und im Laufe des Tages noch 2 Tassen trinken.

Das weiche Holz, das für dieses Dekokt verwendet wird, wird zwischen dem Kern und der Rinde des Baumes entnommen. Eine Kur von 10 bis 20 Tagen im Frühjahr und im Herbst wird empfohlen, um den Organismus zu entgiften.

Hildegard von Bingen, eine große Visionärin und Gelehrte

Hildegard von Bingen lebte im 12. Jahrhundert und war eine Frau mit zahlreichen Talenten. Sie schrieb Gedichte und Bücher über Medizin; sie komponierte, sie erfand eine Sprache und ein Alphabet; sie pflegte und heilte Kranke; sie ließ zwei Abteien erbauen, um die sie sich persönlich kümmerte; sie beriet den Kaiser und den Papst und erhellte die Geister ihrer Zeit. Im Volksglauben wird sie wie eine Heilige verehrt. Als eine Frau des Mittelalters ist es ihr gelungen, für ihr Wissen, das sie durch unerlässliches Forschen und Lernen erlangt hatte, anerkannt und respektiert zu werden.

Ihr ganzes Leben lang hat sie Mittel und Wege gesucht, die Gesundheit von Männern und Frauen zu erhalten.

Für Hildegard von Bingen sind wir mit dem Universum verbunden und müssen in unserem Leben Harmonie und Weisheit fördern, um am Gleichgewicht der Welt teilzuhaben. Die Natur bietet uns mit ihren Pflanzen und Mineralien wertvolle Hilfen, um unsere Gesundheit zu erhalten. Hildegard von Binden lehrt uns, diese verborgenen Eigenschaften zu entdecken.

In ihren Werken, die sie voller Poesie und Schönheit geschrieben hat, beschreibt sie die Nahrungsmittel, die wir bevorzugen sollten – Dinkel, Kastanien, Äpfel –, um ein gutes Gleichgewicht zu erlangen. Hildegard praktizierte eine ganzheitliche Medizin, die den ganzen Menschen behandelte und nicht nur seine Krankheitssymptome, auch dem Seelenzustand schenkte sie viel Aufmerksamkeit.

Nachdem sie über mehrere Jahrhunderte hinweg fast vergessen war, wurde ihr Werk von österreichischen Ärzten wiederentdeckt. Heute erleben vor allem ihre Ratschläge zur gesunden Ernährung und zur Nahrung als Heilmittel eine breite Renaissance.

VII

ÜBER DIE FELDER

DIE MÖNCHE ALS MÜLLER

Getreide und Hülsenfrüchte

Die Mönche verwendeten seit jeher viel Getreide. Im Mittelalter bezeichnete man alles Getreide, dessen verschiedene Sorten das Überleben der Menschen sicherstellten, als »Weizen«. Sechs Getreidesorten standen in den Klöstern auf dem Speiseplan: Gerste, Hafer, Dinkel, Hirse, Buchweizen und Roggen.

Durch den Anbau von möglichst vielen verschiedenen Getreidesorten versuchte man der Knappheit von Lebensmitteln vorzubeugen. Wenn eine Getreidesorte unter einem besonders strengen Winter litt, konnte eine andere diesen Bedingungen besser widerstehen. Die Mönche wussten aufgrund ihrer Erfahrung, was Ernährungsexperten heute empfehlen: Man muss unterschiedliche Getreidesorten verzehren, um von dem ganzen Reichtum an Vitaminen, Mineralstoffen und den für den Organismus so wertvollen Spurenelementen zu profitieren. Außerdem ermöglichte die Getreidevielfalt den Mönchen auch, die Mahlzeiten zu variieren und der Monotonie des Speiseplans entgegenzuwirken.

Aus Getreide machten sie Brot, Pfannkuchen, manchmal auch recht dicke, wie die »matefaim« genannten, die den Hunger bezwingen sollten. Sie schmeckten nicht unbedingt besonders gut. In manchen Gegenden Frankreichs werden sie noch heute, oft mit Obst verfeinert, gegessen.

Das harte Leben der Bauern

Die Mönche zeigten große Fähigkeiten beim Urbarmachen von Land. Oftmals hatten sie sich zum Bau ihrer Klöster entlegene Täler oder Wälder ausgesucht. Dabei wählten sie möglichst Orte, die an einem Fluss gelegen waren. Holz und Wasser waren unabdingbare Voraussetzungen für das Überleben.

Im Mittelalter hatte ein Kloster im Durchschnitt 2000 Hektar kultivierten Boden. Angesichts der vielen Arbeit, die das mit sich brachte, wurden zum Pflügen und Säen Hilfskräfte eingestellt. Für die schwere Feldarbeit, die Ernte vor allem, wurden die Klosterregeln etwas gelockert. Die Ernte zwischen Mitte Juli und Ende August war eine Gruppenarbeit, bei der Psalmen gesungen wurden und die wie ein Fest gefeiert wurde.

Gebückt und mit der Sense in der Hand, beeilte sich jeder mit seiner Arbeit. Denn ein Unwetter genügte, um die ganze Ernte zu zerstören. Und um keine Zeit zu verlieren, schliefen die Mönche mit der Sense neben dem Bett. Die Ähren wurden kurz abgeschnitten, damit die Halme erhalten blieben. Sie wurden als Streu für die Pferde und die anderen Tiere verwendet. Die Weizengarben wurden an einen geschützten Ort gebracht. Dann wurde das Korn gedroschen und in Silos aufbewahrt.

Gerstengraupensuppe

Vorbereitungszeit: 10 Minuten
Kochzeit: 35 Minuten

Für 4 Personen

1 Gemüsebrühwürfel
200 g Gerstengraupen
2 Karotten
1 Bund Petersilie
Salz, Pfeffer aus der Mühle

Den Brühwürfel in 1 Liter lauwarmem Wasser auflösen.
Die Gerstengraupen in einen Topf geben, mit der Gemüsebrühe übergießen und aufkochen. Die Temperatur zurückschalten und die Graupen 20 Minuten köcheln lassen.

Die Karotten schälen und klein würfeln. Die Petersilie waschen, trocknen und fein hacken.

Die Karotten zu den Graupen geben. Salzen und pfeffern. Nochmals 8 bis 10 Minuten kochen. Die gehackte Petersilie zufügen, 2 bis 3 Minuten weiterkochen und dann servieren.

Buchweizen mit Pilzen

Vorbereitungszeit: 10 Minuten
Kochzeit: 20 Minuten

FÜR 2 PERSONEN

1 Glas Buchweizen
200 g Pilze
1 Zwiebel
1 EL Olivenöl
Salz, Pfeffer aus der Mühle
2 EL gehackte Petersilie

Den Buchweizen waschen und abtropfen lassen. 2 Glas Wasser in einen Topf geben, salzen und aufkochen. Den Buchweizen zufügen und leicht sprudelnd 20 Minuten kochen lassen.

Die Pilze putzen und fein schneiden. Die Zwiebel schälen und fein hacken.

In einer Pfanne das Öl erhitzen, die Zwiebel darin andünsten. Die Pilze hinzufügen und einige Minuten dünsten. Salzen und pfeffern.

Den Buchweizen mit den Pilzen anrichten und mit gehackter Petersilie bestreuen.

Früher wurde viel Buchweizen gepflanzt. Er ist ein guter Energielieferant und sehr leicht verdaulich. Außerdem ist er hervorragend für die Durchblutung.

Dinkel mit Gemüse

Vorbereitungszeit: 15 Minuten
Kochzeit: 35 Minuten

Für 4 Personen

1 Zwiebel
200 g Dinkel
Salz, Pfeffer aus der Mühle
1 rote Paprika
1 gelbe Paprika
1 Aubergine
2 Tomaten
1 Zucchini
1 Knoblauchzehe
2 EL Olivenöl

Die Zwiebel schälen und hacken. Wenig Öl in einer Pfanne erhitzen, die Zwiebel darin andünsten. Den Dinkel hinzufügen und gut umrühren. 400 ml lauwarmes Wasser (doppeltes Volumen des Dinkels) zufügen und aufkochen. Salzen und pfeffern. Zudecken und leicht sprudelnd 20 Minuten kochen lassen.

Die Paprika entkernen. Paprika, Aubergine, Tomaten und Zucchini waschen und in Würfel oder Streifen schneiden. Die Knoblauchzehe schälen und hacken.

Das Olivenöl in einem Schmortopf erhitzen. Das Gemüse zufügen, zudecken und bei kleiner Hitze 15 Minuten garen, dabei regelmäßig umrühren. Das Gemüse pürieren.

Dinkel und Gemüsepüree servieren und mit einigen Tropfen Olivenöl beträufeln.

Die Lagerung von Getreide stellte lange Zeit ein schwieriges Problem dar, und ein großer Teil der Ernte ging durch Schädlinge oder Pilzbefall verloren. Dinkel hatte den großen Vorteil, dass er sich sehr gut lagern ließ.

Hirse mit Käse und Haselnüssen

Vorbereitungszeit: 25 Minuten
Kochzeit: 30 Minuten

Für 4 bis 6 Personen

2 Schalotten
1 EL Olivenöl
2 Glas Hirse
¼ Würfel Gemüsebrühe
100 g Comté oder anderer Käse
1 bis 2 EL geschälte Haselnüsse
2 EL Haselnussöl
Salz, Pfeffer aus der Mühle

Die Schalotten schälen und fein hacken. In einem großen Topf das Öl erhitzen, die Schalotten darin andünsten und leicht anbräunen. Die Hirse hinzufügen und umrühren. Mit 4 Glas lauwarmem Wasser aufgießen, den Brühwürfel zerbröseln und hinzufügen, mit Salz und Pfeffer würzen. Zum Sieden bringen und dann bei kleiner Hitze 15 bis 20 Minuten kochen lassen. Den Kochvorgang überwachen und falls nötig etwas Wasser nachgießen. Anschließend den Topf vom Herd nehmen.

Den Käse in Würfel schneiden und unter die Hirse rühren. Zudecken und den Käse 10 Minuten schmelzen lassen.

Die Haselnüsse grob zerkleinern. Kurz vor dem Servieren über die Hirse streuen und mit Haselnussöl beträufelt servieren.

Roggenbrot

Vorbereitungszeit: 30 Minuten
Ruhezeit: 2 Stunden
Backzeit: 35 Minuten

Für 4 bis 6 Personen

½ Würfel frische Hefe (21 g) oder
1 Beutel Trockenhefe
180 ml lauwarmes Wasser
150 g Weizenmehl
150 g Roggenmehl
1 TL Salz
weißer Pfeffer aus der Mühle
2 EL Olivenöl
50 g Speckwürfel
1 EL Sonnenblumenöl

Die Hefe zerbröseln und im lauwarmen Wasser auflösen. Weizen- und Roggenmehl in die Rührschüssel geben und vermischen. Die aufgelöste Hefe, Salz, weißen Pfeffer und das Olivenöl zufügen. Den Teig 10 Minuten mit der Küchenmaschine kneten. Zu einer Kugel formen, wieder in die Schüssel legen und mit einem Küchentuch bedeckt ungefähr 1 Stunde an einem warmen, vor Zugluft geschützten Ort gehen lassen.

Die Speckwürfel in einer Pfanne 8 Minuten auslassen. Sorgfältig abtropfen lassen und unter dem Teig kneten.

Eine 22 cm lange Kastenform leicht mit Sonnenblumenöl einölen. Den Teig zu einer langen Wurst formen und in die Form legen. Mit einem Küchentuch bedecken und nochmals 1 Stunde an einem warmen Ort gehen lassen.

Den Backofen auf 240 Grad vorheizen. Eine kleine, mit Wasser gefüllte Schüssel in den Backofen stellen.

Die Oberfläche des Teigs mit etwas Wasser bestreichen. Dann das Brot im vorgeheizten Ofen ungefähr 35 Minuten backen. Die Temperatur in den letzten 15 Minuten auf 210 Grad senken. Das Brot aus der Form lösen, auf ein Gitter legen und auskühlen lassen.

Beim Brotteigkneten sprechen die Mönche nicht, sie singen Psalmen. Dieses musikalische Opfer erhebt sich bis zu Gott empor. Man sagt, dies sei eines der Geheimnisse, warum das Brot in den Klöstern so gut ist.

Dinkelbrot mit Galgant

Vorbereitungszeit: 20 Minuten
Ruhezeit: 3 Stunden
Backzeit: 35 Minuten

Für 1 Laib Brot

1/2 Würfel frische Hefe (21 g) oder
1 Beutel Trockenhefe
180 ml lauwarmes Wasser
350 g Dinkelmehl
1/4 TL Galgantpulver
2 EL Meersalz

Die Hefe in einer kleinen Schüssel zerbröseln und im lauwarmen Wasser auflösen. Mehl und Galgant in die Rührschüssel geben, die aufgelöste Hefe zufügen. Gut vermischen und das Salz beifügen. Den Teig 10 Minuten von Hand oder mit der Küchenmaschine kneten. Er sollte weich und glatt werden. Zu einer Kugel formen, in die Schüssel legen und mit einem Küchentuch bedeckt ungefähr 1 Stunde an einem warmen, vor Zugluft geschützten Ort gehen lassen.

Dann den Teig einige Male flach drücken und wieder zu einer Kugel formen. In eine längliche Form ziehen, auf ein leicht bemehltes Blech legen und mit einem Küchentuch bedeckt nochmals 2 Stunden an einem warmen Ort gehen lassen.

Den Backofen auf 240 Grad vorheizen. Eine kleine, mit Wasser gefüllte Schüssel in den Backofen stellen.

Die Oberfläche des Brotlaibs kreuzförmig leicht einschneiden. Dann das Brot im vorgeheizten Ofen ungefähr 35 Minuten backen. Die Temperatur in den letzten 10 Minuten auf 210 Grad senken. Auf einem Gitter auskühlen lassen.

In den Klöstern und Konventen trägt das Brot das Zeichen des Kreuzes. Das starke Symbol hat auch einen praktischen Aspekt: So kann man das Brot leicht brechen und in vier Teile teilen. Galgant, ein Gewürz, das Hildegard von Bingen sehr schätzte, gilt heute genauso wie Kurkuma und Ingwer als antioxidativ (Radikalenfänger) und entzündungshemmend.

Maibrot

Vorbereitungszeit: 20 Minuten
Ruhezeit: 3 Stunden
Backzeit: 45 Minuten

Für 4 bis 6 Personen

½ Würfel frische Hefe (21 g) oder
1 Beutel Trockenhefe
100 ml lauwarmes Wasser
500 g Vollkornmehl (Type 812)
200 ml lauwarme Milch
90 g Haselnusspüree
120 g brauner Zucker
80 g Walnusskerne
2 TL Salz
1 EL Öl

Die Hefe zerbröseln und im lauwarmen Wasser auflösen. Das Mehl in die Rührschüssel geben, die aufgelöste Hefe, Milch, Haselnusspüree, Zucker, Nusskerne und Salz zufügen und 10 Minuten kneten. Den Teig zu einer Kugel formen und in die Schüssel legen. Mit einem Küchentuch bedeckt ungefähr 2 Stunden an einem warmen, vor Zugluft geschützten Ort gehen lassen.

Den Teig einige Male flach drücken und wieder zu einer Kugel formen. Schließlich zu einer langen Wurst formen.

Eine 24 cm lange Kastenform einölen und den Teig in die Form legen. Oder den Teig zu einem runden Laib formen. Mit einem Küchentuch bedeckt nochmals mindestens 1 Stunde an einem warmen Ort gehen lassen.

Den Backofen auf 240 Grad vorheizen. Das Brot ungefähr 45 Minuten backen. Die Temperatur in den letzten 10 Minuten auf 210 Grad senken. Vorsicht, dieses Brot wird sehr schnell dunkel, daher den Backvorgang überwachen und das Brot falls nötig mit Pergamentpapier abdecken. Das Brot herausnehmen, 5 Minuten abkühlen lassen, dann aus der Form lösen und auf einem Gitter vollständig abkühlen lassen.

In besonders langen und strengen Wintern wurden an den Klosterpforten die Ärmsten der Armen empfangen und mit Brot und Suppe gespeist. Das Brot, das zur Suppe verteilt wurde, war mit Walnüssen und Haselnüssen angereichert. Es wurde »Milchbrot« oder »Maibrot« genannt, denn es kündigte lange vor der ersten Schwalbe das Nahen des Frühlings an, ein Versprechen auf bessere Tage und reichhaltigere Mahlzeiten.

Das Brot

»Herr, unser täglich Brot gib uns heute« heißt es in dem Gebet, das am Anfang jeder Mahlzeit steht. Das Brot ist zusammen mit Wein und Käse ein Grundelement des Klosterlebens, Teil der »Heiligen Dreifaltigkeit« des klösterlichen Tisches. Die Einsiedler der ersten Jahrhunderte ernährten sich manchmal nur von Brot und etwas Salz. Über lange Zeit hinweg war Brot das wichtigste Grundnahrungsmittel der Mönche.

Die täglich verzehrten Brotmengen erscheinen uns heute unglaublich: Ein Kilo Brot pro Mönch! Weizen-, Gerste-, Hirse-, Dinkel- oder Roggenmehl wurden allein oder gemischt verwendet. Die Brotteige wurden mit Milch oder Bier angereichert, dann geformt und im Ofen, in Öl oder in der Glut gebacken.

Anfangs war es ein Sauerteigbrot, das in der Messe gesegnet wurde. Dann wurde daraus die Hostie, eine kleine ungesäuerte Brotscheibe aus sehr weißem Weizenmehl. Ihre Kreisform symbolisiert die göttliche Vollkommenheit.

In den Klöstern und Konventen wurden die Hostien in einem gesonderten Raum nach streng vorgegebenen Regeln gefertigt. Die allerschönsten Weizenkörner wurden für die Herstellung des Teigs ausgesucht. Das daraus hergestellte feine Mehl wurde in klarem, reinstem Wasser aufgelöst und dann in kleine Oblaten-Eisenformen mit langem Stiel gegossen und gebacken. Diese Hostienformen sind oft mit eingravierten Motiven reich verziert.

Die am Ende der Mahlzeiten auf den Tischen zurückbleibenden Brotkrümel wurden sorgfältig von Hand aufgesammelt. Sie wurden zusammen mit Ei und Zucker zur Herstellung von Puddings verwendet.

Das aus Weizen hergestellte Weißbrot galt lange Zeit als ein Luxus, da es aufwendiger und kostspieliger war, weißes Mehl herzustellen. Es war den Kranken und Alten vorbehalten oder wurde nur an Festtagen gegessen. Die Mönche verteilten es dann an der Klosterpforte. Ist nicht in der Bibel das Brot eine Opfergabe für Gott? Während des Abendmahls, als Jesus, umgeben von seinen Jüngern, das jüdische Osterfest feierte, verkündete er, er sei »das Brot des Lebens«. Das Brot ist Gott geworden. Bei jeder christlichen Feier ist es präsent.

Die Mönche als Müller

Das Müllerhandwerk war ein wichtiger Teil der klösterlichen Selbstversorgung. Einige große Klöster besaßen und betrieben gleich mehrere Mühlen. In der Zisterzienserabtei von Foigny in der Picardie gab es deren vierzehn, in der Abtei von Lobbes in Belgien fünfzehn und im Trappistenkloster von Orval im Süden Belgiens sogar sechzehn. Die Mühlen wurden durch Wasser und später teilweise auch durch Wind angetrieben. Hier wurden alle Mehlsorten hergestellt.

Im Mittelalter brachten die Dorfbewohner ihr Mehl oder ihr Brot zum Backen direkt ins Kloster oder zum Schloss ihres Landesherrn. Die Mönche buken das Brot in ihrem Ofen. Diese Öfen waren oft sehr groß, und es konnten auf einen Schub bis zu hundert Laibe auf einmal gebacken werden. Die Mönche und die weltlichen Herren waren die einzigen, die dieses Privileg hatten.

Heute setzen manche Abteien, wie zum Beispiel das Kloster von Sept-Fons in der Auvergne, diese Tradition fort und bieten hervorragendes Bio-Mehl an.

Bierbrot

Vorbereitungszeit: 15 Minuten
Backzeit: 45 Minuten

Für 1 Brot

450 g Vollkornmehl (oder helleres Mehl)
1 Päckchen Bierhefe oder Backpulver
1 TL Salz
1 EL Honig
330 ml helles Bier

Den Backofen auf 180 Grad vorheizen.

In einer Rührschüssel das Mehl mit Hefe und Salz vermischen. Nach und nach Honig und Bier zufügen, dabei immer gut rühren. Anschließend den Teig 10 Minuten kneten. Einen Laib formen und diesen leicht mit Mehl bestäuben.

Das Brot im vorgeheizten Ofen ungefähr 45 Minuten backen. Das Brot aus dem Ofen nehmen und auf einem Gitter abkühlen lassen, damit die Feuchtigkeit verdampft. Die Kruste wird auf diese Weise sehr knusprig.

Die Mönche, vor allem die Trappisten, brauten seit dem Mittelalter Bier. Das Bier der Abtei Leffe in Belgien war und ist auch heute noch besonders bekannt. Die Mönche verwendeten zum Brotbacken den gegorenen Hopfen. Die natürliche Hefe macht das Brot luftig, wohlduftend und gut verdaulich.

VIII

KÄSE-SPEZIALITÄTEN

DIE MÖNCHE
ALS KÄSEHERSTELLER

Käse und Milchprodukte

Es ist unmöglich alle Käsesorten aufzuzählen, die die Mönche geschaffen haben. Saint-Nectaire, Pont-l'Evêque, Trappistenkäse, Maroilles, Bleu de Gex, Livarot, Münsterkäse (vom lateinischen *monasterium*) und viele andere mehr. Oftmals trägt der Käse den Namen des Klosters oder der Abtei. Die Käse der Trappisten waren die berühmtesten.

Seit dem 10. Jahrhundert haben die Mönche mehr Käse erfunden, als das Jahr Tage hat. Im Laufe der Jahrhunderte haben sie die Reifungstechniken weiterentwickelt und wesentlich verbessert. Ihre Gewölbekeller waren ein wunderbar geeigneter Ort, um den Käse zu impfen. Die geografische Lage der Klöster inmitten von Almen, vor allem in Savoyen, in den Pyrenäen oder dem Jura waren für das Herstellen von Käse günstig.

Lange Zeit erhielten die Mönche, genau wie die weltlichen Herren, von den Bauern, denen sie ihr Land überließen, eine Vergütung. Sie wurden entweder in klingender Münze in Form eines Pachtzinses oder mit einem Teil der Ernte, dem Zehnten, bezahlt. Dieser Zehnt wurde oft in Form von Getreide bezahlt, das einfach zu lagern war, oder auch in Form von Milch, deren Konservierung allerdings ein Problem darstellte. So kamen die Mönche auf die Idee, daraus Käse herzustellen. Die Klöster waren fast über tausend Jahre ganz ausgezeichnete Käsereien.

In den Klöstern war der Verzehr von Käse, genau wie der von Butter, das ganze Jahr über gestattet. Selbst am Karfreitag, an dem kein Fleisch gegessen wurde, durfte Käse verzehrt werden.

Inzwischen haben viele Klöster angesichts der beträchtlichen Investitionen, die sie tätigen müssten, um die Klosterkäsereien an die Normen für Lebensmittelsicherheit der Europäischen Union anzupassen und um eine moderne Käserei betreiben zu können, ihre Marke an große Gruppen der Lebensmittelindustrie verkauft oder sie geben die Herstellung von Käse ganz auf.

Schafsfrischkäse

Vorbereitungszeit: 5 Minuten
Kochzeit: 5 Minuten

Für 4 Personen

500 ml frische Schafsmilch
1 Zitrone, Saft
Salz

Die Milch in einen Topf gießen und auf 40 Grad erwärmen. Den Zitronensaft zur heißen Milch gießen und umrühren. Dadurch gerinnt die Milch und es formen sich kleine weiße Kügelchen.

Den Käse durch ein Sieb abgießen. Auf einen Teller geben und mit einer Prise Salz würzen.

Dies ist ein einfaches Rezept für jeden Haushalt. Man braucht eine gute Schafsmilch. Natürlich kann auch Kuhmilch verwendet werden (sie gerinnt schneller).

Affinieren von Frischkäse mit Holzasche

Vorbereitungszeit: 5 Minuten
Ruhezeit: 24 Stunden

Für 4 Personen

1 frischer Kuhmilchkäse
1 EL feine Holzasche

Den Käse auf ein Gitter legen. Vorsichtig mit einer dünnen Ascheschicht bedecken. Vor dem Verzehr 24 Stunden ruhen lassen.

Dies ist eine einfache Technik, um Käse zu veredeln. Sie ist leicht zuhause durchzuführen, vorausgesetzt man findet eine schöne Holzasche, die so fein sein sollte wie feine Semmelbrösel.

Frischkäse mit Knoblauch und Kräutern

Vorbereitungszeit: 10 Minuten
Ruhezeit: 24 Stunden

Für 4 Personen

1 kleines Bund Schnittlauch
1 kleine Knoblauchzehe
1 Frischkäse (Kuh-, Ziegen- oder Schafsmilch)
Fleur de Sel, Pfeffer aus der Mühle
1 EL Walnussöl

Den Schnittlauch fein schneiden. Die Knoblauchzehe schälen und fein hacken.

Den Käse auf einen Teller legen. Mit etwas Fleur de Sel und frisch gemahlenem Pfeffer bestreuen, das Walnussöl darüberträufeln. Schnittlauch und Knoblauch mischen und über den Käse verteilen. Frisch servieren oder etwas ziehen lassen, damit sich das Kräuteraroma besser entfaltet.

Gedeckter Kartoffel-Münsterkäse-Kuchen

Vorbereitungszeit: 20 Minuten
Backzeit: 45 Minuten

Für 4 Personen

Butter und Mehl für die Form
700 g Kartoffeln
400 g Münsterkäse
700 g Mürbteig (mit Ei) oder Blätterteig
4 Prisen Kreuzkümmel
100 ml Rahm (Sahne)
Salz, Pfeffer aus der Mühle
1 Ei

Den Backofen auf 180 Grad vorheizen. Eine Kuchenform von 24 cm Durchmesser (mit herausnehmbarem Boden) mit Butter einfetten und mit Mehl bestäuben. Bis zur Verwendung kühl stellen.

Die Kartoffeln schälen und in Scheiben schneiden. Den Käse in Streifen schneiden.

Die Hälfte des Teigs rund ausrollen und die Kuchenform damit auslegen. Den Boden mit einer Gabel einstechen. Den Rand leicht mit Wasser bestreichen. Eine Lage Kartoffelscheiben einschichten, dann eine Schicht Käsestreifen darübergeben. Mit Kreuzkümmel bestreuen. Mit einer Schicht Kartoffelscheiben abschließen.

Den Rahm mit Salz und Pfeffer würzen. Über die Kartoffeln gießen.

Den restlichen Teig rund in der Größe der Form ausrollen, über die Kartoffeln legen. Die Ränder mit den Fingern gut verschließen. Den Teigdeckel mit einer Gabel leicht einstechen. Das Ei in einer kleinen Schüssel mit einer Gabel verquirlen. Den Teigdeckel mit dem verquirlten Ei bestreichen.

Den Kuchen im vorgeheizten Ofen ungefähr 45 Minuten backen. Lauwarm servieren.

Käsecreme aus der Garrigue

Vorbereitungszeit: 10 Minuten
Kochzeit: 5 Minuten

Für 4 Personen

4 kleine halbtrockene Ziegenkäse (oder anderer Weichkäse)
1 Knoblauchzehe
30 g Butter
1 EL Mehl
1 Glas Weißwein
4 Prisen Kräuter (Thymian, Rosmarin, Oregano)
Pfeffer aus der Mühle

Den Käse in Scheiben schneiden. Den Knoblauch schälen und hacken.

Butter und Käse ein einem Topf schmelzen. Knoblauch und Mehl zufügen. Umrühren, kurz erhitzen, dann nach und nach den Wein zugießen und weiter rühren. Mit Pfeffer abschmecken und heiß auf dicken Scheiben Landbrot servieren.

Wie die Bauern bewahrten auch die Mönche aus Gründen der Sparsamkeit alle trockenen Kädereste auf und machten daraus zum Beispiel Käsesuppen, die sie mit Kräutern würzten. Der Geschmack dieses Rezepts hängt von der verwendeten Käsesorte ab. Der Weißwein kann durch einen leichten Rotwein ersetzt werden.

Gedeckter Bier-Käse-Kuchen mit Maroilles

Vorbereitungszeit: 20 Minuten
Backzeit: 45 Minuten

Für 4 bis 6 Personen

Butter und Mehl für die Form
5 Kartoffeln
400 g Maroilles
1 kleines Bund Petersilie
2 Zwiebeln
Öl
Pfeffer aus der Mühle, Salz
500 g Mürbteig mit Ei
1 Glas braunes Bier
2 Eier
80 ml Milch
120 ml Rahm (Sahne)
1 Eigelb

Den Backofen auf 200 Grad vorheizen. Eine Kuchenform von 26 cm Durchmesser (mit herausnehmbarem Boden) mit Butter einfetten und mit Mehl bestäuben. Bis zur Verwendung kühl stellen.

Die Kartoffeln schälen und in Scheiben schneiden. Den Käse ebenfalls in Scheiben schneiden. Die Petersilie waschen und fein schneiden. Die Zwiebeln schälen und hacken. In einer Pfanne etwas Öl erhitzen und die Zwiebeln leicht goldbraun braten. Pfeffern.

Die Hälfte des Teigs rund ausrollen und die Kuchenform damit auslegen. Den Boden mit einer Gabel einstechen. Den Rand leicht mit Wasser bestreichen. Den Teigboden mit den Kartoffelscheiben bedecken und salzen. Mit dem Bier übergießen. Zwiebeln, Petersilie und Käse darauf verteilen. Die Eier in einer kleinen Schüssel mit Milch und Rahm verquirlen und in die Form gießen.

Die zweite Teighälfte rund in der Größe der Form ausrollen. Den Kuchen damit bedecken, die Ränder mit den Fingern gut verschließen. In der Mitte des Teigdeckels ein kleines Loch schneiden, damit der Dampf entweichen kann.

Den Kuchen im vorgeheizten Ofen ungefähr 40 Minuten backen. Lauwarm servieren.

Maroilles ist einer der zahlreichen Käse, die von Mönchen geschaffen wurden. Er soll bereits im 10. Jahrhundert hergestellt worden sein. An seiner viereckigen Form und der roten Kruste ist er leicht zu erkennen.

IX

SÜSSE SÜNDEN

DIE MÖNCHE ALS IMKER UND ZUCKERBÄCKER

Die Sünde der Völlerei

In den Klöstern wird das übermäßige Essen und Trinken streng bestraft. Die Benediktsregel lässt keinen Zweifel daran. In Kapitel 4 über »Die Werkzeuge der geistlichen Kunst« sind folgende Regeln aufgeführt:
»12. Sich keinen Genüssen hingeben.
13. Das Fasten lieben.
35. Nicht trunksüchtig sein.
36. Nicht gefräßig sein.«

In Kapitel 39 über »Das Maß der Speise« steht geschrieben:
»7. Doch muss vor allem Unmäßigkeit vermieden werden; und nie darf sich bei den Mönchen Übersättigung einschleichen.
8. Denn nichts steht so im Gegensatz zu einem Christen wie Unmäßigkeit.«

Und in Kapitel 40 über »Das Maß des Getränkes« heißt es:
»5. (…) Doch achte er darauf, dass sich nicht Übersättigung oder Trunkenheit einschleichen.
6. (…) Wein passt überhaupt nicht für Mönche. Aber weil sich die Mönche heutzutage davon nicht überzeugen lassen, sollten wir uns wenigstens darauf einigen, nicht bis zum Übermaß zu trinken, sondern weniger.
7. Denn der Wein bringt sogar Weise zu Fall.«

Die Frage des richtigen Maßes und des Übermaßes ist also seit jeher sehr präsent.

Kekse und Süßigkeiten

Da Mehl und Zucker nicht den gleichen Einschränkungen unterlagen wie das Fleisch, entwickelten Mönche und Nonnen eine bemerkenswerte Fertigkeit in der Herstellung von allerlei Süßigkeiten und süßem Gebäck.

Der in Folge des ersten Kreuzzuges entstandene Templerorden hatte es sich zur Aufgabe gemacht, die Pilger im Heiligen Land zu beschützen. Die Tempelritter waren die Ersten, die aus dem mittleren Orient den Rohrzucker und weitere kostbare Zutaten nach Europa brachten, die für die Herstellung von Gebäck und Süßigkeiten so wertvoll war. Honig, Mandeln, Blüten und Gewürze haben die Mönche in den Klöstern zu zahlreichen Rezepten für Kuchen, Konfekt, Konfitüren, Fruchtgelees, kandierte Früchte und Kekse inspiriert und diese bereichert.

In manchen Gegenden, wie im Limousin oder in der Bretagne, verschenkten die Mönche nach der Heiligen Messe Kekse. Die berühmtesten davon waren die »Craquelins«, die wegen ihrer Knusprigkeit besonders geschätzt waren.

Die Nonnen waren noch erfindungsreicher. Sie haben eine ganze Reihe von Rezepten erfunden, die Berühmtheit erlangten, wie beispielsweise die Macarons von Nancy, die »Nonnettes«, »Visitandines«, »Sacristains« oder »Nonnenseufzer«, eine diskretere Bezeichnung für das, was außerhalb der Klostermauern als »Nonnenfürzchen« bezeichnet wurde.

Cannelés mit Orangenblütenwasser

Vorbereitungszeit: 15 Minuten
Backzeit: 50 Minuten
Ruhezeit: 24 Stunden

Für 4 Personen
Für 12 kleine Cannelé-Formen

½ Vanillestange
250 ml Milch
30 g Butter
125 g Zucker
100 g gesiebtes Weizenmehl
2 ganze Eier
2 Eigelb
1 EL Rum
Butter und Zucker für die Formen

Die Vanillestange der Länge nach aufschlitzen und das Mark mit einem spitzen Messer auskratzen. Die Milch in einem Topf mit dickem Boden zum Sieden bringen. Die Butter zufügen und umrühren, dann die Vanillestange und das ausgekratzte Mark zugeben. Zudeckt abseits vom Herd ziehen lassen.

Zucker und Mehl in einer Schüssel vermischen. Eier und Eigelbe zufügen und gründlich zu einer glatten, klumpenfreien Masse schlagen. Die Vanillestange aus der Milch entfernen und die noch warme Milch zum Teig in die Schüssel gießen. Gut umrühren, den Rum zufügen und abkühlen lassen. Den Teig mit Frischhaltefolie abgedeckt 24 Stunden in den Kühlschrank stellen.

Den Backofen auf 180 Grad vorheizen.

Die Cannelé-Formen großzügig buttern und mit Zucker ausstreuen. Mit einem Esslöffel den Teig einfüllen. Die Formen sollen zu drei Vierteln gefüllt sein. Im vorgeheizten Ofen 45 Minuten backen. Dabei den Backvorgang gut überwachen. Je mehr die Cannelés gebacken sind, desto stärker karamellisiert ihre Kruste und desto knuspriger werden sie. Mit einer Messerspitze einstechen, um zu überprüfen, ob sie durchgebacken sind. Die Cannelés lauwarm aus der Form lösen.

Die »Cannelés« sollen von den Nonnen des Annuntiatinnen-Ordens in Bordeaux erfunden worden sein. Ob sie dafür das Mehl und die Gewürze verwendeten, die auf den Schiffen in die Stadt kamen, und ob sie die Idee hatten, den Teig in eigens dafür hergestellten Kupferformen zu backen, bleibt im Dunkel der Geschichte. Vielleicht gaben sie sich auch mit einfachen Blechformen zufrieden. Wie dem auch sei, dieses Rezept hatte großen Erfolg, auch außerhalb der Klostermauern, und gehört heute zum kulinarischen Erbe Frankreichs.

Marzipankuchen mit Rosenwasser

Vorbereitungszeit: 25 Minuten
Backzeit: 75 Minuten

Für 4 Personen
Für eine rechteckige Backform

8 Eiweiß
250 g gemahlene Mandeln
250 g Puderzucker
einige Tropfen Rosenwasser
4 EL Puderzucker

Den Backofen auf 180 Grad vorheizen. Die Backform mit Backpapier auslegen und auf ein Blech stellen.

Vom Eiweiß 2 Esslöffel abnehmen und beiseite stellen.

Das restliche Eiweiß mit Mandeln, Puderzucker und Rosenwasser in einer Schüssel vermischen.

Den Teig in die vorbereitete Form gießen und im vorgeheizten Ofen 1 Stunde backen.

In einer kleinen Schüssel die 4 Esslöffel Puderzucker nach und nach mit dem beiseite gestellten Eiweiß verrühren. Es soll ein weicher, nicht zu flüssiger Guss entstehen, daher das Eiweiß nicht auf einmal zugeben, sonst könnte er zu flüssig werden. Den Kuchen mit dem Guss bestreichen und noch weitere 10 Minuten bei 100 Grad backen.

Dieses Marzipanrezept beschreibt die Herstellung einer der ältesten in Frankreich bekannten Süßigkeiten. Die Klöster in Issoudun haben sich in der Herstellung von Marzipan spezialisiert.

Pistazienkuchen der Feuillantinen

Vorbereitungszeit: 20 Minuten
Backzeit: 25 Minuten

FÜR 4 PERSONEN
Für 4 Backformen von 10 bis 12 cm Durchmesser

120 g weiche Butter, in Stücke geschnitten
220 g Zucker
100 g gemahlene Pistazien
5 Eiweiß
1 Prise Salz
120 g gesiebtes Mehl
Butter für die Form

Für den Himbeercoulis:
200 g Himbeeren
50 g Zucker
½ Zitrone, Saft

Den Backofen auf 150 Grad vorheizen.

Butter und Zucker in einer Schüssel verrühren. Die gemahlenen Pistazien zufügen.

Die Eiweiße mit einer Prise Salz zu Schnee schlagen. Den Eischnee nach und nach unter die Pistazienmasse heben. Das Mehl einrieseln lassen, dabei ständig rühren, damit ein gleichmäßiger Teig entsteht.

Die Kuchenformen mit Butter ausstreichen. Den Teig in die Formen füllen. Im vorgeheizten Ofen ungefähr 18 bis 20 Minuten backen. Etwas abkühlen lassen, dann die Kuchen vorsichtig aus den Formen lösen und auf einem Gitter vollständig auskühlen lassen.

Für den Himbeercoulis in einem kleinen Topf die Himbeeren mit dem Zucker langsam erhitzen und bei kleiner Hitze 2 Minuten kochen lassen. Die Masse durch ein Sieb gießen, dabei das Fruchtfleisch mit einem Spatel ausdrücken, um möglichst viel Saft auszupressen. Den Zitronensaft darunterrühren. Bis zur Verwendung in den Kühlschrank stellen.

Die Kuchen mit dem Himbeercoulis servieren.

Den Nonnen des Ordens der Feuillantinen verdanken wir dieses Rezept für köstliche, mit Pistazien verfeinerte Kuchen. Hier wird es mit einem Himbeercoulis serviert.

250 GR

Das Geheimnis der Schwestern Macarons

oder die berühmten Macarons aus Nancy

Vorbereitungszeit: 30 Minuten
Ruhezeit: 30 Minuten
Backzeit: 12 Minuten

Für 24 Macarons

225 g Puderzucker
125 g geschälte gemahlene Mandeln
3 Eiweiß
1 Prise Salz
25 g Zucker

Ein Backblech mit Backpapier belegen.

Puderzucker und gemahlene Mandeln in der Küchenmaschine fein mixen. Anschließend die Mischung durch ein Sieb passieren.

Die Eiweiße mit einer Prise Salz zu steifem Schnee schlagen. Den Zucker einrieseln lassen und mit einem Spatel unterrühren. Dann die Puderzucker-Mandel-Mischung vorsichtig unter den Eischnee heben.

Die Masse in einen Spritzbeutel mit runder Tülle füllen und kleine Häufchen Teig mit genügend Abstand zueinander auf das vorbereitete Blech spritzen. Das Blech auf der Arbeitsfläche aufklopfen, damit die Teighäufchen glatt werden.

30 Minuten ruhen lassen. Inzwischen den Backofen auf 160 Grad vorheizen. Die Macarons ungefähr 12 Minuten backen. Herausnehmen und abkühlen lassen.

Diese Geschichte ereignete sich im Jahre 1793. Nach der Französischen Revolution fanden zwei Nonnen, die aus ihrem Konvent vertrieben worden waren, bei einem Arzt Zuflucht. Um sich bei ihrem Gastgeber zu bedanken, stellten sie ein Gebäck her, das sie früher immer im Kloster zubereitet hatten. Der Arzt war sehr erfreut und zeigte seinen Freunden das neue Gebäck. Diese empfahlen es weiter, und so lernte die ganze Stadt Nancy die Spezialität der »Schwestern Macarons« kennen. So sind die berühmten Macarons von Nancy entstanden, die seither ihren Siegeszug rund um die Welt angetreten haben.

Calissons

Vorbereitungszeit: 30 Minuten
Ruhezeit: 1 oder 2 Tage
Backzeit: 5 Minuten

Für 50 bis 60 Stück

125 g gemahlene Mandeln
125 g Puderzucker
1½ EL Orangenblütenwasser
250 g kandierte Melone
50 g kandierte Orange
50 g kandierte Engelwurz (siehe Seite 208)
1 Blatt Backoblate oder
1 Brickteigblatt

Für den Guss:
½ Eiweiß
150 g Puderzucker

Mandeln, Puderzucker, Orangenblütenwasser, die kandierten Früchte und die kandierte Engelwurz im Mixer sehr fein mixen.

Die Oblate oder das Brickteigblatt auf ein Blech legen und einen Backrahmen daraufstellen. Die Marzipanmasse in den Rahmen füllen und mit einem leicht angefeuchteten Spatel glatt streichen. Die Masse 2 Tage trocknen lassen (sie sollte nicht mehr an den Fingern kleben bleiben).

Für den Zuckerguss Eiweiß und Puderzucker zu einem festen, glänzenden Guss verrühren.

Den Backofen auf 130 Grad vorheizen.

Den Teig mit einem Messer in breite Streifen und diese dann in Rauten schneiden. Die Oberseite durch den Zuckerguss ziehen und die Stücke mit der Zuckerseite nach oben auf ein mit Backpapier belegtes Blech setzen. Zuerst 10 Minuten bei Raumtemperatur trocknen lassen. Anschließend 5 Minuten im vorgeheizten Ofen trocknen.

Die Calissons vor Wärme und Feuchtigkeit geschützt in einer Keksdose aufbewahren.

Ursprünglich aus dem Mittelmeerraum stammend erlangten die Calissons im Süden Frankreichs ihre Vollendung. Der Legende nach soll dieses einfache Mandelgebäck die Fähigkeit gehabt haben, die Pest abzuwehren; dies wurde vor allem der darin enthaltenen Engelwurz zugeschrieben. Das »Engelskraut« war sehr beliebt, und es hieß, man solle zum Schutz immer ein Stück Engelwurz in einem Ledersäckchen um den Hals gebunden tragen.

Kandierte Engelwurz

Vorbereitungszeit: 25 Minuten
Ruhezeit: 2 Nächte + 12 Stunden Trockenzeit
Backzeit: 40 Minuten

Für 10 Personen

500 g Engelwurz (Stängel)
500 g Zucker

Die Engelwurzstängel schälen, waschen, trocknen und in 3 bis 4 cm lange Stücke schneiden. Die Engelwurzstücke in einem Topf mit kochendem Wasser leicht sprudelnd ungefähr 30 Minuten blanchieren, bis sie auf Fingerdruck nachgeben. Unter kaltem Wasser abspülen und abtropfen lassen.

In einem Topf mit dickem Boden 600 ml Wasser und den Zucker aufkochen. Die Engelwurzstücke zufügen und 10 Minuten leicht sprudelnd kochen lassen. Die Engelwurz und den Zuckersirup in eine Schüssel schütten und über Nacht ruhen lassen.

Am nächsten Tag die Engelwurzstücke mit einem Schaumlöffel herausheben. Den Sirup in einen Marmeladentopf gießen und auf 103 bis 105 Grad erhitzen (mit dem Zuckerthermometer messen); es sollten kleine Blasen aufsteigen und der Sirup in einem schwachen Faden vom eingetauchten Löffel laufen. Die Engelwurzstücke zufügen, kurz sprudelnd aufkochen. Dann alles wiederum eine Nacht ruhen lassen.

Am darauffolgenden Tag diesen Vorgang wiederholen. Nachdem der Zuckersirup einige Blasen gebildet hat, die Engelwurzstücke herausnehmen. Auf einem Gitter 12 Stunden trocknen lassen.
In einer luftdicht verschlossenen Dose aufbewahren.

Die Nonnen von Niort sind für ihre kandierte Engelwurz berühmt.

Rosenblätter

Vorbereitungszeit: 10 Minuten
Ruhezeit: 12 Stunden

Für 10 Rosenblätter

1 ungespritzte Rosenblüte, Blütenblätter abgelöst
1 Eiweiß
150 g Zucker

Das Eiweiß mit dem Schneebesen leicht aufschlagen. Den Zucker in einen tiefen Teller schütten.

Die Blütenblätter zuerst einzeln dünn mit Eiweiß bepinseln. Dann auf den Zucker legen und jedes Blatt dünn mit Zucker bestreuen. Überschüssigen Zucker vorsichtig abschütteln.
Die Blütenblätter auf einem mit Backpapier belegten Blech oder Brett 12 Stunden an einem warmen Ort stehen lassen. Die Rosenblätter werden dadurch etwas härter.

Die Verwendung von Rosenblüten war von den Nonnen auf die Herstellung von Heilwasser und Konfitüren beschränkt, sie verwendeten sie aber auch, um ihr Gebäck und ihre Desserts zu aromatisieren.

Nonnenseufzer

Vorbereitungszeit: 25 Minuten
Backzeit: 25 Minuten

Für 4 Personen

250 ml Wasser
80 g Butter
2 EL Zucker
1 Prise Salz
125 g gesiebtes Mehl
4 Eier
1/2 Zitrone, Schale
Frittieröl
Puderzucker

Wasser, Butter, Zucker und Salz in einen Topf geben und aufkochen. Umrühren und vom Herd nehmen. Das Mehl einrieseln lassen und gut umrühren, sodass ein glatter Teig ohne Klümpchen entsteht.

Den Topf wieder auf den Herd stellen und unter kräftigem Rühren 2 Eier dazugeben. Sobald die Eier gut eingearbeitet sind, die restlichen 2 Eier zufügen und einrühren. Zuletzt die Zitronenschale beifügen.

In einer Fritteuse das Frittieröl erhitzen. Mit einem kleinen eingeölten Löffel kleine Teigkugeln formen und diese mithilfe eines zweiten Löffels vorsichtig in das heiße Öl gleiten lassen. Die Beignets aufgehen lassen und goldbraun frittieren, dabei im Öl wenden, damit sie auf allen Seiten goldbraun werden.

Herausnehmen, abtropfen lassen und lauwarm, mit Puderzucker bestreut, servieren.

Diese kleinen Krapfen, die von den Nonnen erfunden wurden, sind außen knusprig, innen aber zart und weich. Beim Hineinbeißen entweicht etwas Luft, daher heißen sie »Nonnenseufzer« oder umgangssprachlich etwas weniger fein »Nonnenfürzchen«.

Kekse mit kandierter Engelwurz

Vorbereitungszeit: 20 Minuten
Backzeit: 15 Minuten
Ruhezeit: 1½ Stunden

Für 4 bis 6 Personen

8 g frische Hefe
100 ml lauwarmes Wasser
250 g Mehl
2 EL Zucker
2 EL Öl
50 ml Milch
3 Prisen Salz
3 EL kandierte Engelwurz (siehe Seite 208), klein gewürfelt

Die Hefe zerbröseln und in einer kleinen Schüssel mit dem lauwarmen Wasser verrühren.

Das Mehl in eine Schüssel schütten und eine kleine Mulde eindrücken. Die aufgelöste Hefe, Zucker, Öl, Milch und Salz hineingeben. Vermischen und den Teig 8 bis 10 Minuten kneten. Den Teig zu einer Kugel formen und in eine leicht geölte Schüssel legen. Mit einem Küchentuch bedeckt 45 Minuten an einem warmen, vor Zugluft geschützten Ort gehen lassen.

2 Esslöffel kandierte Engelwurz unter den Teig ziehen.

Den Teig in 4 gleich große Stücke teilen. Jedes Teigstück zu einem runden Keks von 10 bis 12 cm Durchmesser formen. Auf ein leicht bemehltes Blech legen und wieder mit einem Küchentuch bedeckt an einem warmen Ort 45 Minuten gehen lassen.

Den Backofen auf 210 Grad vorheizen. Die Kekse mit dem letzten Esslöffel Engelwurzwürfelchen bestreuen. Im vorgeheizten Ofen 15 Minuten backen. Auf einem Gitter abkühlen lassen.

Die Engelwurz gelangte auf langen und verschlungenen Wegen aus nördlicheren Gefilden zu uns. Sie verließ das kalte Königreich Dänemark im 12. Jahrhundert und erreichte, von Kloster zu Kloster weitergereicht, rund zweihundert Jahre später Frankreich und die Charente. Am Ziel angelangt gefiel es der Pflanze und sie gedieh. Die Nonnen aus Niort verwandelten sie in eine köstliche kandierte Leckerei (siehe Seite 208), verwendeten sie aber auch für einen berühmten Kuchen, einen Likör und eine Salbe, denn die Engelwurz besitzt nicht nur kulinarische Tugenden, sondern auch außergewöhnliche Heilkräfte.

Bugnes mit Orangenblütenwasser

Vorbereitungszeit: 20 Minuten
Backzeit: 3 Minuten
Ruhezeit: 1 Stunde

Für 16 Stück

250 g Mehl
50 g Zucker
3 Eier
50 g weiche Butter
1 EL Orangenblütenwasser
2 Prisen Salz
Öl zum Frittieren
Puderzucker zum Bestreuen

Das Mehl in eine Schüssel geben, in die Mitte eine kleine Mulde drücken. Zucker, Eier, die Butter in kleinen Flocken, Orangenblütenwasser und Salz zufügen. Alles zu einem Teig kneten und zu einer Kugel formen. Mit Frischhaltefolie bedeckt 1 Stunde kühl stellen.

Den Teig etwa 3 mm dick ausrollen. In 2 cm breite Streifen und diese in 8 cm lange Stücke schneiden. In die Mitte eines jeden Teigstreifens einen gut 2 cm langen Schlitz einschneiden. Eines der Teigenden durch diesen Schlitz ziehen, sodass eine Art Knoten entsteht.

In der Fritteuse oder in einer tiefen Pfanne Frittieröl erhitzen und jeweils mehrere Beignets gleichzeitig ungefähr 2 Minuten ausbacken. Mit einem Schaumlöffel wenden und noch 1 Minute weiter frittieren. Die Beignets gut abtropfen lassen und auf Küchenpapier entfetten. Mit Puderzucker bestreuen und sofort servieren.

Die berühmten »Bugnes« aus Lyon, das sind in Fett ausgebackene kleine Beignets, sind angeblich im 16. Jahrhundert von Klosterschwestern erfunden worden, den Stiftsdamen von Saint Pierre. Diese Spezialität wurde ursprünglich ohne Ei, Milch und Butter zubereitet, nur aus Mehl und Bierhefe. Dann wurden diese Beignets in kochendem Öl ausgebacken. Sie waren für die mageren Tage reserviert, zwischen Advent und Ostersonntag – eine raffinierte Leckerei!

Die berühmten Sacristains

Mandel-Blätterteigstangen

Vorbereitungszeit: 15 Minuten
Ruhezeit: 10 Minuten
Backzeit: 8 Minuten

Für 6 Personen

70 g Mandelblättchen
70 g Zucker
300 g Blätterteig
1 Ei

Die Mandelblättchen grob zerkleinern und mit dem Zucker in eine Schüssel geben.

Den Blätterteig zu einem Rechteck ausrollen. Das Ei in einer kleinen Schüssel verquirlen und den Blätterteig damit bestreichen. Den Teig mit der Mandel-Zucker-Mischung bestreuen. Mit dem Teigroller vorsichtig über die Oberfläche rollen, damit die Mandeln festkleben. Den Teig wenden und auf ein Backpapier legen. Die zweite Teigseite nun ebenfalls mit Eiweiß bestreichen, mit Mandeln und Zucker bestreuen und diese andrücken.

Den Teig in 1½ cm breite und 6 cm lange Streifen schneiden. Die Teigstücke an den Enden zwischen Daumen und Zeigefinger fassen und einige Male verdrehen. Mit Abstand zueinander auf ein mit Backpapier belegtes Blech legen. 10 Minuten kühl gestellt ruhen lassen.

Inzwischen den Backofen auf 200 Grad vorheizen. Die Sacristains 8 Minuten backen. Den Backvorgang gut überwachen, sie dürfen nicht braun werden, sondern sollen goldgelb sein. Falls nötig, das Blech nach der Hälfte der Backzeit umdrehen, damit alle Teigstangen gleichmäßig backen. Auf einem Gitter abkühlen lassen.

Desserts und andere Köstlichkeiten aus Honig

Die Mönche stellten Bienenstöcke auf die Felder und in die Wälder, die das Kloster umgaben, und ebenso in ihren Obstgarten. Es gab einen guten Grund für die zahlreichen Bienenstöcke: Die Mönche brauchten das Wachs für Kerzen, um damit die Räume des Klosters zu erleuchten. Für den Schreibsaal, den Speisesaal, die Gebetsräume, die Altäre in der Kapelle und in der Kirche wurden zahlreiche Wachslichter und Kerzen benötigt. Und an Festtagen war der Bedarf an Kerzen noch höher als an anderen Tagen. Es gab Kerzen, die bis zu sechs Pfund wogen.

Neben dem praktischen Alltagsnutzen hatte der Honig aber auch noch einen angenehmen kulinarischen Nebeneffekt. Lange Zeit war Honig das einzige Mittel, um Speisen und Getränke zu süßen. Und die Mönche waren auch für die Vielfalt und die Qualität ihrer aus Honig hergestellten Leckereien berühmt: Gewürzbrot, Honigbonbons, kleine Honigkuchen und manch anderes mehr.

Das Lied der Bienen

Die Mönche stellen ihre Bienenstöcke am Ende des Klostergartens auf. Das ganze Jahr über kümmern sie sich um die fleißigen Insekten, die die Blüten bestäuben. Die meiste Arbeit fällt im Frühjahr und im Sommer an. Am Ende des Frühjahrs sind so viele Bienen im Stock, dass die Königin mit der Hälfte des Bienenvolks ausfliegt. Sie überlässt den Stock einer jüngeren Königin. Das ist die Schwarmzeit. Der für die Bienen zuständige Mönch muss den wilden Schwarm, der sich oft als summende Schwarmtraube auf einem Baum in der Nähe niederlässt, auffinden. Er räuchert diesen Schwarm ein, fängt ihn in einem Schwarmsack ein und bringt ihn in einem Bienenstock unter. Im Stock sind die Bienen vor Hitze, Kälte und den meisten Feinden sicher. Der Imker-Mönch achtet auf die Gesundheit der Bienen und auf die Qualität des Honigs. Regelmäßig räuchert er den Stock aus, er entnimmt eine Wabe, verjagt vorsichtig die Arbeitsbienen mit einer kleinen Bürste oder einem kleinen Zweig und begutachtet den Stand der Honigproduktion. Wenn die Waben mit Honig gefüllt sind, schneidet er die Deckel ab, die die Wabenzellen verschließen und sammelt den Honig ein. Er ersetzt die Waben, und dann können die Bienen mit ihrer Arbeit fortfahren. So muss der Imker ungefähr fünfzehn Mal im Jahr nach den Bienen sehen.

Je nach der Blütezeit der Obstbäume oder nach der gewünschten Honigsorte – von den ersten Blüten des Frühjahrs (Weißdorn, Mandelblüten und Feldblumen) bis zu den letzen Blüten des Winters (Haselnuss, Buchs oder Schwarzdorn) – versetzt der Imker die Bienenstöcke. Das macht er nachts, wenn die Bienen schlafen. Die Klöster stellen ganz unterschiedliche Honigsorten her. Aus den Klöstern der Provence kommt zum Beispiel Honig aus der Garrigue, der nach wildem Thymian, Rosmarin oder Lavendel duftet. Die Klöster in den Bergen produzieren dunkleren Honig mit ausgeprägtem Geschmack und leicht adstringierenden Eigenschaften: Tannenhonig, Honig aus Heidekraut, Eberesche oder Feldthymian. In der Bretagne gibt es wundervollen Honig aus Klee, Luzerne oder Buchweizen, im Burgund Raps- und Sonnenblumenhonig. Der eingesammelte Honig kommt in eine Zentrifuge, wird gefiltert und in Gläser abgefüllt.

Die Rinde verschiedener Bäume und einige Knospen werden von den Bienen auch zu einem Harz verwandelt, aus dem Propolis (Bienenleim) gemacht wird, ein Kittharz, das von Geigenbauern zum Lackieren der Instrumente verwendet wird. Ein weiteres Produkt der Bienen ist das berühmte »Gelée Royale«, der Nektar der Honigherstellung, mit dem die Königin ernährt wird. Es ist nicht das Ergebnis des Nektarsammelns, sondern wird von den Bienen selbst hergestellt; es wird gesondert eingesammelt.

Nonnettes

Vorbereitungszeit: 15 Minuten
Ruhezeit: 1 Stunde
Backzeit: 20 Minuten

Für 6 Stück
Für 6 runde Backformen
mit hohem Rand und 7 cm
Durchmesser

100 g flüssiger Honig
60 g Zucker
40 g Butter
140 g gesiebtes Mehl
1 Beutel Backpulver
2 Prisen Salz
4 Prisen gemahlener Zimt
2 Prisen Quatre-Épices
70 g kandierte Orangenschale,
klein gewürfelt
Butter für die Formen

Honig, Zucker und die Butter in Flocken in einem Topf erwärmen. Zum Kochen bringen und dann den Topf vom Herd nehmen.

In einer Schüssel Mehl, Backpulver, Salz, Zimt und Quatre-Épices verrühren. Die Honigmischung nach und nach unterrühren. Zugedeckt 1 Stunde kühl stellen.

Den Backofen auf 210 Grad vorheizen.

Die kandierte Orangenschale unter den Teig heben. 6 kleine runde Backformen ausbuttern und den Teig einfüllen. Im vorgeheizten Ofen ungefähr 15 bis 20 Minuten backen. Lauwarm abkühlen lassen, dann aus der Form lösen und auf einem Gitter vollständig auskühlen lassen.

Diese kleinen Kuchen, von den Nonnen von Remiremont erfunden – daher die Bezeichnung –, waren ursprünglich ein Gebäck aus Gewürzbrotteig. Sie können mit Anis, kandierter Orange oder kandierter Zitrone aromatisiert werden. Die traditionelle französische Gewürzmischung Quatre-Épices besteht aus weißem Pfeffer, Ingwer, Muskat und Gewürznelken.

Der Mönch und der Pfau

Es war einmal ein Mönch, der eine Zuneigung zu einem Pfau gefasst hatte. Bruder Aurélien war für die Bienen zuständig, die dem Kloster das Wachs für die Beleuchtung der Kirche lieferten und Honig, um die Strenge des Winters zu versüßen. Er war stets hilfsbereit und freundlich, arbeitete hart und war bei allen Arbeiten geschickt. In seinem Kopf schwirrten immer viele Ideen zur Verbesserung der Honigherstellung herum. Frühling, Sommer, Herbst und Winter – immer folgte ihm der Pfau in respektvollem Abstand.

Außerhalb der Gebets-, Essens- und Schlafenszeiten waren der Pfau und der Mönch unzertrennlich, ja schienen geradezu eins zu sein. Nur die matte Farbe der Kutte stand im Gegensatz zu den lebhaften Farben der Pfauenfedern. Oft sah man den Pfau ein Rad schlagen, während der Mönch der Bienenkönigin eine Brutwabe vorbereitete oder einen Rahmen im Bienenstock auswechselte.

Eines Tages überraschte man Mönch und Pfau, wie sie auf demselben Lager ruhten.

War es für einen Mönch zulässig, so zu ruhen?

Der Abt hielt Rat. Man diskutierte. Der heilige Benedikt hatte nichts über Pfaue gesagt. Nur dass die Mönche in den Zellen und in den Schlafräumen allein zu sein hatten. Der Abt zog sich zurück, betete und meditierte.

Bei Tagesanbruch wurde entschieden, dass der Pfau auf einen Bauernhof geschickt würde.

Man ließ Bruder Aurélien in den Kapitelsaal rufen, um ihm mitzuteilen, dass das Tier das Kloster verlassen müsse. Doch Bruder Aurélien war unauffindbar.

Nach der Komplet fand ein Bruder den leblosen Körper des Pfaus. Neben ihm auf einer Treppenstufe lagen zwei tote Schlangen, zu einem Kreuz geformt.

Niemand hat je Bruder Aurélien wiedergesehen. Alle waren sich jedoch sicher, dass er das Kloster nicht verlassen hatte. Denn die Pforte war verschlossen geblieben.

Im folgenden Frühjahr kümmerte sich ein anderer Mönch um die verlassenen Bienenstöcke. Als er den Honig einsammelte, tauchte vor ihm das strahlende Gesicht Bruder Auréliens auf, das sich aus Honigtropfen auf den Waben gebildet hatte. Der eingesammelte Honig hatte einen leichten Blaustich, der an die Pfauenfedern erinnerte und einen ganz unvergleichlichen Duft. »Der Pfauenhonig«, wie man ihn nannte, wurde sehr berühmt. Die Menschen kamen von weit her, um ihn zu kaufen. Er hatte, so sagte man, Heilkräfte, die Entzündungen und wunde Stellen, ja selbst Schlangenbisse zu heilen vermochten.

Freudenkekse nach Hildegard

Vorbereitungszeit: 10 Minuten
Ruhezeit: 2 Stunden
Backzeit: 10 Minuten

Für 6 Personen

50 g Honig
170 g weiche Butter
100 g brauner Zucker
1 Prise Salz
1 Ei
100 g Dinkelmehl
Butter und Mehl für das Blech

Den Honig langsam in einem kleinen Topf schmelzen. Vom Herd nehmen, die Butter zufügen und umrühren. Zucker und Salz einrühren, das Ei einarbeiten und dann das Mehl einrieseln lassen. Kneten und zu einer Teigrolle von 7 cm Durchmesser formen. Den Teig in Frischhaltefolie gewickelt 2 Stunden kühl stellen.

Den Backofen auf 280 Grad vorheizen. Ein Blech leicht buttern und mit Mehl bestäuben.

Die Teigrolle in ½ cm dicke Scheiben schneiden. Die Teigscheiben auf das vorbereitete Blech legen und im vorgeheizten Ofen ungefähr 10 Minuten backen. Herausnehmen und auf einem Gitter abkühlen lassen.

Dieses Rezept verdanken wir Hildegard von Bingen. Diese einfachen Kekse stehen in dem Ruf, gleichzeitig beruhigend und stimulierend zu wirken, daher ihre Bezeichnung »Freudenkekse«. Ihr Geheimnis beruht auf den positiven Eigenschaften des Dinkels. Dieses robuste Korn, ein Vorläufer des Weizens, ist reich an Vitamin B und Aminosäuren, die für die Zellerneuerung unentbehrlich sind, ein natürliches Antistressmittel, das stimulierend auf das Immunsystem wirkt.

Gewürzbrot mit kandierten Früchten

Vorbereitungszeit: 20 Minuten
Backzeit: 50 Minuten

Für 6 Personen

200 g Honig
100 ml Milch
125 g Mehl
100 g Vollkornmehl
½ Beutel Backpulver
50 g gemahlene Mandeln oder Walnüsse
1 Prise gemahlener Zimt
50 g kandierte Früchte (Engelwurz, Orange, Kirsche, Aprikose, Pflaume oder Zedratzitrone)
1 Ei, verquirlt
20 g Butter

Den Backofen auf 160 Grad vorheizen. Eine 24 cm lange Kastenform ausbuttern.

Honig und Milch in einen Topf geben und langsam erhitzen. Sobald die Mischung zu kochen beginnt, den Topf vom Herd nehmen.

Mehl, Vollkornmehl und Backpulver in einer Schüssel vermischen. Mandeln, Zimt und kandierte Früchte zufügen. In der Mitte eine Mulde drücken, die Honig-Milch-Mischung unter Rühren hineingießen. Dann das verquirlte Ei zufügen.

Den Teig in die vorbereitete Form füllen. Im vorgeheizten Ofen ungefähr 50 Minuten backen. Lauwarm abkühlen lassen, aus der Form lösen und dann auf einem Gitter vollständig abkühlen lassen.

In diesem Rezept kann anstelle von Zimt auch Ingwer und anstelle der kandierten Früchte kann kandierter Ingwer verwendet werden. Dies verleiht dem Gebäck einen erfrischenden Geschmack.

Quittenkuchen

Vorbereitungszeit: 30 Minuten
Backzeit: 40 Minuten

Für 6 Personen

4 Quitten (400 g Fruchtfleisch)
70 g Pinienkerne, Pecannüsse oder Mandeln
6 Eier
250 g Rohzucker (brauner Zucker)
200 g weiche Butter
250 g Mehl
1 TL Backpulver
1 TL gemahlener Zimt
1 Prise Salz
2 EL Aprikosen-, Johannis- oder Himbeergelee
Butter und Mehl für die Form

Die Quitten schälen und in Schnitze schneiden. 15 Minuten in sprudelndem Wasser kochen. Den Garzustand mit einer Messerspitze überprüfen. Sie müssen durch und durch weich sein. Sorgfältig abtropfen lassen und beiseite stellen. Die Quitten können auch mit der Haut im Dampfkochtopf gegart und erst dann geschält werden.

Den Backofen auf 180 Grad vorheizen.

Eine Springform von 22 cm Durchmesser buttern und mit Mehl bestäuben. Einige Nüsse oder Kerne auf den Boden der Form streuen und mit einer Lage Quittenschnitze bedecken.

Eiweiß und Eigelbe trennen. Die Eigelbe mit dem Zucker zu einer weißen, schaumigen Masse aufschlagen. Die Butter zufügen und rühren, bis eine homogene Masse entstanden ist. Mehl, Backpulver und Zimt in einer Schüssel vermischen. Nach und nach unter die Eigelbmasse heben.

Das Eiweiß mit 1 Prise Salz zu steifem Schnee schlagen. Den Eischnee in mehreren Schritten vorsichtig unter die Teigmasse heben, damit er nicht zusammenfällt. Die restlichen Nüsse oder Kerne und die restlichen Quittenschnitze zufügen und vorsichtig mischen.

Den Teig in die Form füllen. Im vorgeheizten Ofen 40 Minuten backen. Von Zeit zu Zeit überprüfen, ob der Kuchen nicht zu stark bräunt. Den Kuchen lauwarm abkühlen lassen, dann aus der Form lösen. Das Gelee leicht erwärmen und den Kuchen damit bestreichen. Mit Schlagsahne servieren.

Quitten gehören zu den wenigen Früchten, die man nicht roh essen kann. Kleine Quitten sind vorzuziehen, sie haben mehr Geschmack. Auch fleckige, verformte oder gesprenkelte Quitten sollten Sie nicht verachten, ihr köstlicher Geschmack entfaltet sich beim Kochen. Quitten schälen ist eine wahrhaft mönchische Arbeit und erfordert viel Geduld. Beim Schälen muss man darauf achten, dass man sich nicht schneidet und dass man alle Kerne entfernt.

Blancmanger mit Heidelbeeren

Vorbereitungszeit: 10 Minuten
Ruhezeit: 4 Stunden
Backzeit: 2 Minuten

Für 6 Personen

3 Blatt Gelatine
1 l Milch
200 ml Akazienhonig
1 Vanilleschote
100 g Zucker
200 ml Rahm (Sahne)
75 ml Crème fraîche
200 Heidelbeeren (oder Preiselbeeren oder Brombeeren)

Die Gelatine in kaltem Wasser einweichen.

Milch und Honig in eine Schüssel geben. Die Vanilleschote der Länge nach aufschlitzen und das Mark auskratzen. Zucker, Vanillestange und Vanillemark zufügen und zum Kochen bringen. Den Topf vom Herd nehmen, zudecken und 5 Minuten ziehen lassen. Dann die Vanilleschote entfernen. Die Gelatineblätter ausdrücken und unter Rühren in der heißen Milch auflösen. Rahm und Crème fraîche hinzufügen und mit dem Schneebesen verrühren.

Die Masse in 6 Förmchen verteilen und mindestens 4 Stunden kühl stellen.

Kurz vor dem Servieren die Heidelbeeren waschen, abtropfen lassen und auf die Blancmanger verteilen. Dazu passt ein Heidelbeercoulis (siehe Rezept Himbeercoulis Seite 202).

Das bereits im Mittelalter bekannte Blancmanger, auch Mandelsulz genannt, war eine beliebte Fastenspeise. Besonders daran ist, dass es ausschließlich aus weißen Zutaten hergestellt wird.

Dinkelcreme

Vorbereitungszeit: 5 Minuten
Backzeit: 10 Minuten

Für 4 Personen

700 ml Milch
200 g Dinkelmehl
1 unbehandelte Zitrone
2 Prisen Salz
2 EL Honig
150 ml Rahm (Sahne)
2 EL brauner Zucker
2 Prisen gemahlener Zimt

Die Milch in einem Topf erhitzen. Das Dinkelmehl einrieseln lassen und gut umrühren. Bei kleiner Hitze unter ständigem Rühren 10 Minuten köcheln lassen. Vom Herd nehmen und abkühlen lassen.

Die Zitrone gründlich waschen und trocken reiben. Die Schale abreiben und zusammen mit dem Honig unter die Dinkelcreme rühren.

Den Rahm leicht schaumig schlagen, Zucker und Zimt hinzufügen und kurz vor dem Servieren unter die Dinkelcreme rühren oder daraufgeben. Nach Belieben mit Zitronenzesten garnieren.

Dieses einfache und köstliche Dessert wurde meist im Winter zubereitet. Dinkel ist reich an Ballaststoffen und Mineralsalzen, wirkt aufbauend und ist besonders leicht verdaulich.

X

IM WEINBERG DES HERRN

DIE MÖNCHE ALS WEINBAUERN UND DESTILLATEURE

Ursprünge einer bedeutenden Weinkultur

In der christlichen Messe hat der Wein einen starken Symbolwert, da er sich während der Eucharistie in das Blut Christi verwandelt. Doch die Klöster spielten auch ganz real eine bedeutende Rolle bei der Entwicklung einer großen Weintradition.

»Wir Mönche, wir trinken den Wein nicht nur, wir produzieren ihn auch selbst«, sagt Bruder Xavier mit einem Schmunzeln. Und er zählt uns die berühmtesten französischen Weine auf. Der Vosne-Romanée und der Wein aus Beaune wurden von den Cluniazensern geschaffen, Volnay, Pommard, Meursault von den Benediktinern, Clos-Vougeot und Chablis von den Zisterziensern. Nicht zu vergessen der Champagner, den der berühmte Mönch Dom Pérignon geschaffen hat.

Bruder Xavier durchstreift mit uns seinen Weinberg, der an einem steilen Hang mit schroffen Abhängen liegt, in der Ferne eine halbverfallene Burg aus dem 11. Jahrhundert. »Hier produzieren wir einen Gamay. Unser Wein wird hauptsächlich hier vor Ort verkauft. Wir haben wenige Weinstöcke, die Produktion ist gering und der Ertrag auch, aber es ist ein ehrlicher bescheidener Landwein, den die Leute mögen.«

Später zeigt uns Bruder Xavier den Weinkeller und die alte Presse aus dem 17. Jahrhundert, die zwar noch gut erhalten ist, aber nur noch den Schwalben zum Nestbau dient. »Unser Wein ist zwar nicht der Beste, aber er ist ungeschwefelt. Die Trauben werden von Hand geerntet, gekeltert wird mit den Füßen und gelagert wird er in Eichenfässern.«

Durch das Anpflanzen und Auswählen der Weinreben rund um ihre Klöster haben die Mönche Außerordentliches für den Weinbau geleistet.

Da nichts dem täglichen Weingenuss widersprach und der heilige Benedikt selbst in der vom ihm verfassten Regel den Wein als normales Getränk gestattet hatte, wurden die Mönche im Weinbau zu wahren Meistern. Und in allen Gegenden, in denen Wein angebaut wird, findet man die Spuren ihres Könnens. Einige Traubenpressen, die im 12. Jahrhundert von den Mönchen gebaut worden waren, sind heute noch zu besichtigen, wie die von Clos Vougeot im Burgund.

Zahlreiche Wein- und Winzerfeste tragen den Namen eines Heiligen: Sankt Vinzenz am 22. Januar, Sankt Anton am 14. Februar und Sankt Nikolaus am 6. Dezember.

Pfirsichwein

Vorbereitungszeit: 10 Minuten
Ruhezeit: 1 Monat

Für 1 Liter

2 Handvoll Pfirsichblätter
150 g Zucker
1 l süßer Weißwein
200 ml Branntwein

Die Pfirsichblätter in ein Gefäß legen. Zucker, Weißwein und Branntwein zufügen. Zugedeckt 4 Wochen an einem kühlen, dunklen Ort ziehen lassen. Dabei von Zeit zu Zeit umrühren.

Nach 1 Monat durch ein Sieb abgießen, in eine Flasche abfüllen und verschließen. Kühl servieren.

Veilchenelixier

Vorbereitungszeit: 5 Minuten
Kochzeit: 12 Minuten
Ziehenlassen: 10 Minuten

Für 1 Liter

2 EL Veilchensirup
2 Prisen gemahlene Süßholzwurzel
4 Prisen gemahlener Galgant (oder Ingwer)
4 EL brauner Zucker
1 l Rotwein (Côte du Rhône)

Veilchensirup, Süßholz, Galgant und braunen Zucker in einen Topf mit dickem Boden geben. Den Rotwein zugießen, aufkochen und 12 Minuten köcheln lassen. Anschließend zugedeckt 10 Minuten ziehen lassen. Durch ein Sieb abgießen. Das Elixier lauwarm oder kalt servieren.

Dieses Rezept verdanken wir Hildegard von Bingen. Das Veilchenelixier ist sehr parfümiert, für die Stimmung soll es hervorragend sein. Veilchensirup findet man in Feinkostgeschäften. Man kann das Elixier auch mit einer Handvoll frischer Veilchen ziehen lassen.

Anislikör

Vorbereitungszeit: 20 Minuten
Ziehenlassen: 10 Tage
Kochzeit: 10 Minuten

Für ca. 1 Liter Likör

2 Sternanis
1 unbehandelte Zitrone, abgeriebene Schale
1 EL Anissamen
700 ml Branntwein
250 g Zucker

Den Sternanis mit dem Stößel zerstoßen. Zitronenschale, Anissamen und Sternanis in einen Krug oder in eine Flasche geben. Mit Branntwein aufgießen. Verschließen und 10 Tage an einen dunklen Ort ziehen lassen.

250 ml Wasser und den Zucker in einen Topf geben. Langsam zum Sieden bringen und einige Minuten bei kleiner Hitze kochen lassen, bis sich der Zucker wie an einem Faden mit dem Löffel aus dem Topf ziehen lässt. Den Zuckersirup abkühlen lassen.

Den Branntwein durch ein feines Sieb abgießen. Mit dem Zuckersirup vermischen. In eine Flasche füllen und verschließen. An einem kühlen, trockenen und lichtgeschützten Ort aufbewahren.

Dieses Rezept aus dem Kloster ist sehr erfrischend. Die Mönche verwendeten Anissamen auch zur Herstellung von Süßigkeiten. In der Abtei von Flavigny hüllten sie sie in Zucker ein.

Die Geschichte von Dom Pérignon

»Um die natürlichen Eigenschaften der leicht zum Schäumen neigenden Marne-Weine noch zu verbessern, kann man sie in der Flasche ein zweites Mal unter Beigabe von Zucker gären lassen (…). Ich habe zahlreiche Versuche gemacht und es gelingt mir jetzt, den Schaum zu fixieren.«

Diese überschwängliche Erklärung stammt nicht von einem jungen Chemiker, sondern von einem von der Weinherstellung begeisterten Mönch, der als Cellerar in der Abtei von Hautvilliers, in der Nähe von Épernay arbeitete. Er hieß Pierre Pérignon, genannt Dom Pérignon (1639 bis 1715). Seinen Versuchen und Forschungen hat Frankreich eines seiner berühmtesten Schmuckstücke zu verdanken: den Champagner.

Dom Pérignon hatte zunächst die Idee, die Trauben verschiedener Rebsorten zu verschneiden. Der Mann mit der außergewöhnlichen Nase ließ sich die Trauben ganz früh am Morgen bringen und verkostete sie noch nüchtern, um die ausgewählten dann für seinen ersten Jahrgang zu verwenden. Es heißt, dass er ein überwältigendes Gedächtnis für Trauben und für die Verschnitte hatte, die er bereits getestet hatte. Dann presste er die Trauben in einem schnellen, fraktionierten Pressdurchgang, dessen Ergebnis ein weißer Saft war. Er fügte Zucker hinzu und entwickelte eine zweite Gärung, die als »Méthode Champenoise« bezeichnet wird. Der Champagner war geboren.

Es gab allerdings noch ein heikles Problem. Einen perlenden Schaumwein herzustellen war eine Sache, aber wie sollte man diesen Champagner haltbar machen? Wie sollte man die Champagnerbläschen in einer Flasche einschließen, ohne dass diese durch den Druck des eingeschlossenen Gases gesprengt wurde? Dank sei den Engländern. Ein Glasfabrikant stellte ein sehr widerstandsfähiges Glas her. Dom Pérignon ersetzte die Holzkorken, die zum Verschließen der Flaschen in mit Öl getränktes Werg gewickelt waren, durch Korken aus Korkeiche, die mit Hanffaden festgebunden wurden. Der Champagner konnte somit gefahrlos in Flaschen abgefüllt werden und Dom Pérignon wurde auf der ganzen Welt berühmt.

Eisenkrautlikör

Vorbereitungszeit: 25 Minuten
Ruhezeit: 40 Tage

Für 1 Liter Likör

1 Handvoll frische Eisenkrautblätter
1 l Branntwein
180 g Zucker
50 ml Wasser

Die Eisenkrautblätter waschen und in einem Küchentuch vorsichtig trocknen. Drei Viertel der Blättchen in ein Gefäß geben. Den Branntwein zugießen und das Gefäß verschließen. 30 Tage an einem vor Wärme und Licht geschützten Ort ziehen lassen.

Zucker und Wasser in einem Topf unter Rühren aufkochen, bis sich der Zucker aufgelöst hat. Den Topf vom Herd nehmen und den Sirup lauwarm abkühlen lassen. Den lauwarmen Zuckersirup in das Gefäß mit dem Eisenkrautansatz gießen. Umrühren, die restlichen Eisenkrautblättchen zufügen und das Gefäß wiederum verschließen. An einem kühlen Ort nochmals etwa 10 Tage ziehen lassen. Durch ein Sieb in eine Flasche abgießen und genießen.

Eisenkraut war wegen seiner beruhigenden, krampflösenden und verdauungsfördernden Wirkung seit jeher geschätzt.

Liköre, Obstbrände und Elixiere

Im Mittelalter waren Mönche wie Raymond Lulle oder Albert le Grand, wahre Geistesgrößen der damaligen Zeit, die Ersten, die die Kunst der Destillation ausübten. Diese Technik hatten die Kreuzritter aus dem Orient mitgebracht.

Die Mönche kannten sich in der Anwendung sowohl von Kulturpflanzen als auch von Wildpflanzen sehr gut aus. Schon seit langem stellten sie daraus bekannte Heilmittel her. Ganz selbstverständlich verbanden sie nun die Destillationsprozedur mit ihrem Wissen über die Pflanzen.

Branntweine und Liköre, die mit Würzkräutern und Gewürzen aromatisiert wurden, wurden zu einer Spezialität der Klöster. Fast alle bekannten Alkohole wurden ursprünglich von Mönchen erfunden und hergestellt. Chartreuse, der Kräuterlikör der Kartäusermönche, Sénancol aus Sénanque, das Kirschwasser der Benediktinermönche aus Fontgombault, der Likör aus der Abtei von Lérins, Verveine aus Vélay, Trappistine der Zisterzienser aus Orval, das Elixier des Père Gaucher (ein Likör), der Karmelitergeist der Karmeliter in der Rue de Vaugirard in Paris, ein Vorläufer des Melissengeistes und viele andere mehr.

Zahlreiche Abteien und Klöster sind heute für die Besichtigung ihrer Destillieranlagen geöffnet. Eine der bemerkenswertesten befindet sich auf der Ile de Lérins.

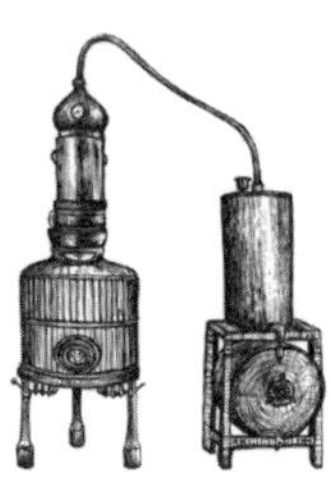

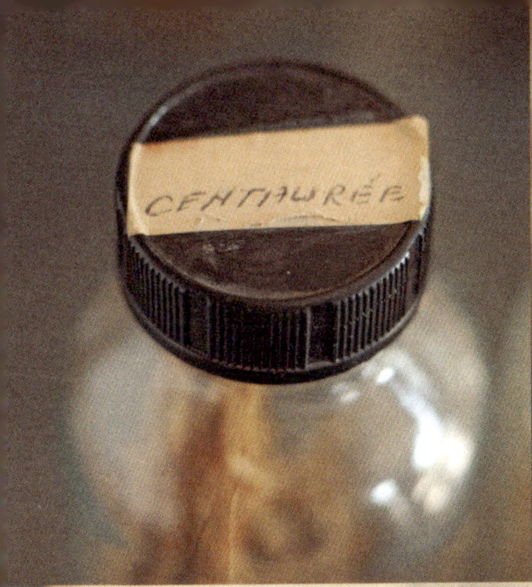
CENTAURÉE

VERONIQUE

ANGELIQUE
RACINE

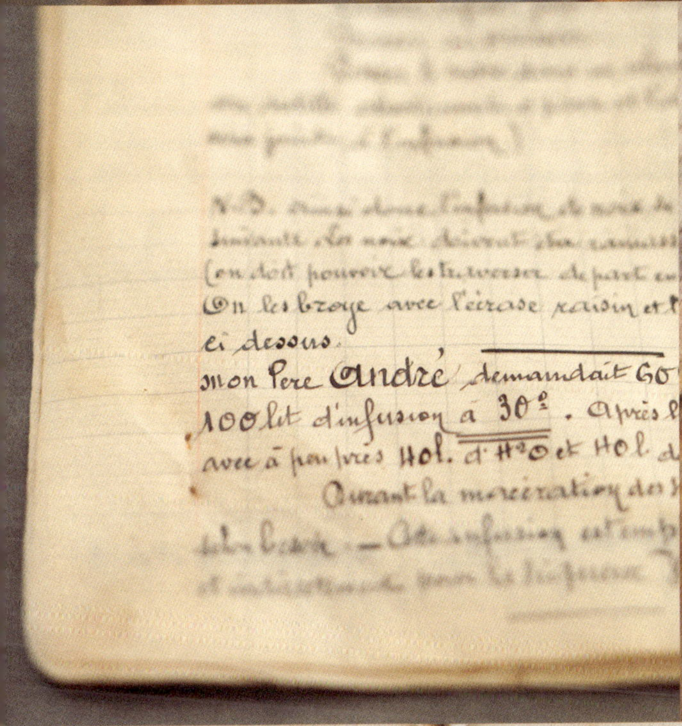

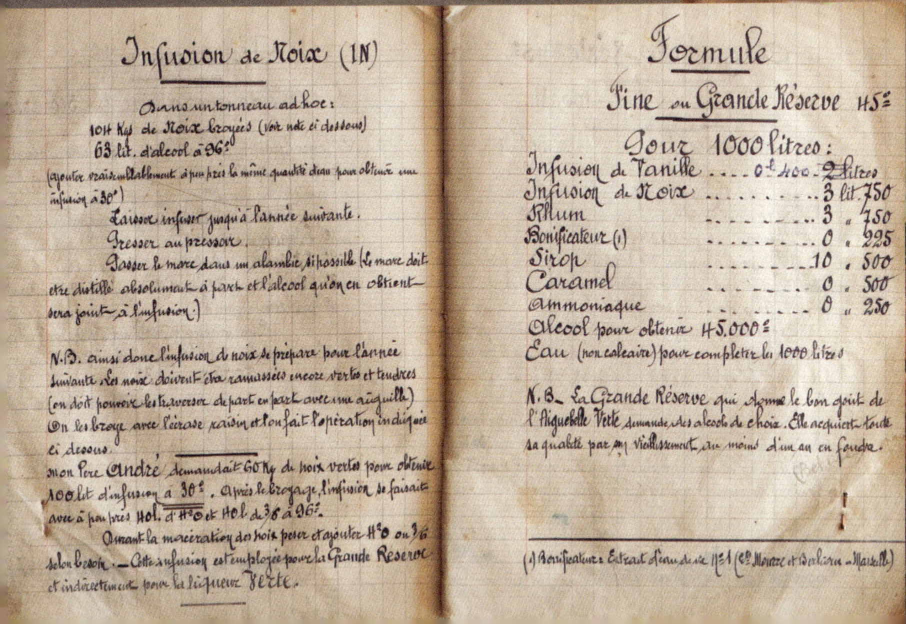
Infusion de Noix (IN)
Dans un tonneau ad hoc:
104 Kgs de Noix broyées (voir note ci dessous)
63 lit. d'alcool à 96°
(ajouter vraisemblablement à peu près la même quantité d'eau pour obtenir une infusion à 30°)
Laisser infuser jusqu'à l'année suivante.
Presser au pressoir.
Passer le marc dans un alambic si possible (le marc doit être distillé absolument à part et l'alcool qu'on en obtient sera joint à l'infusion.)
N.B. ainsi donc l'infusion de noix se prépare pour l'année suivante. Les noix doivent être ramassées encore vertes et tendres (on doit pouvoir les traverser de part en part avec une aiguille)
On les broye avec l'écrase raisin et l'on fait l'opération indiquée ci dessous.
mon Père André demandait 60 Kg de noix vertes pour obtenir 100 lit d'infusion à 30°. Après le broyage, l'infusion se faisait avec à peu près 40 l. d'H²O et 40 l. de 3/6 à 96°.
Durant la macération des noix peser et ajouter H²O ou 3/6 selon besoin. — Cette infusion est employée pour la Grande Réserve et indirectement pour la liqueur Verte.
Formule
Fine ou Grande Réserve 45°
Pour 1000 litres:
Infusion de Vanille .... 0 l 400 - 2 litres
Infusion de Noix .... 3 lit. 750
Rhum .... 3 " 750
Bonificateur (1) .... 0 " 225
Sirop .... 10 " 500
Caramel .... 0 " 500
Ammoniaque .... 0 " 250
Alcool pour obtenir 45.000°
Eau (non calcaire) pour compléter les 1000 litres
N.B. La Grande Réserve qui donne le bon goût de l'Aiguebelle Verte demande des alcools de choix. Elle acquiert toute sa qualité par son vieillissement au moins d'un an en foudre.
(1) Bonificateur: Extrait d'eau de vie N°1 (Cie Moure et Berlioux – Marseille)

Hypocras oder Gewürzwein

Vorbereitungszeit: 15 Minuten
Reifezeit: 2 Stunden

Für 1 Liter Likör

1 Pfirsich
1 kleiner saurer Apfel
1 l kräftiger Rotwein
250 g Zucker
2 Gewürznelken
2 Zimtstangen
½ TL Korianderkörner
3 weiße Pfefferkörner
4 Prisen gemahlene Muskatnuss
1 unbehandelte Zitrone, abgeriebene Schale und Saft
½ unbehandelte Orange, Schale

Pfirsich und Apfel waschen, schälen und in große Würfel schneiden. Den Wein in einen großen Krug gießen. Den Zucker hinzufügen und umrühren.

Gewürze, Zitronenschale und -saft, Orangenschale und die Obstwürfel zufügen. Zudecken und mindestens 2 Stunden kühl stellen und ziehen lassen. Durch ein Sieb abgießen und servieren.

INFUSION
DE
CANELLE
60% Vol

Ewigkeitselixier

Vorbereitungszeit: 10 Minuten
Kochzeit: 5 Minuten
Ruhezeit: 2 Monate

Für 1 Flasche

1 l Branntwein
4 g Wacholderbeeren
4 g Korianderkörner
4 g Engelwurzkörner
2 g Gewürznelken
1 Zimtstange
500 g Zucker
500 ml trockener Weißwein

Branntwein, Wacholderbeeren, Koriander, Engelwurz, Gewürznelken und Zimtstange in eine Flasche füllen. Die Flasche verschließen und 1 Monat ruhen lassen. Dabei die Flasche 2 Mal pro Woche durchschütteln.

Den Zucker und 120 ml Wasser in einen Topf geben, langsam aufkochen und leicht sprudelnd 2 Minuten kochen lassen. Vom Herd nehmen und lauwarm abkühlen lassen. Den Weißwein zugießen und abkühlen lassen.

Den Branntwein abgießen und mit dem Weißweinsirup vermischen. In eine Flasche abfüllen und luftdicht verschlossen 3 bis 4 Wochen ruhen lassen.

Das Geheimnis dieses Verjüngungselixiers sind die Heilpflanzen, die es enthält. Ein wahres Allheilmittel … und ein recht starker Alkohol!

Orangenwein

Vorbereitungszeit: 10 Minuten
Reifezeit: 8 Tage

Für 1 Liter

1 unbehandelte Orange
1 l Roséwein
1/2 Vanilleschote, längs aufgeschlitzt
5 Aniskörner
200 g Zucker

Die Orange unter fließendem Wasser gründlich waschen und mit einem Küchentuch trocknen. Mit einem Sparschäler die Schale ohne die weiße Haut abschälen.

Den Wein in eine große Schüssel gießen. Orangenschale, Vanillestange, Aniskörner und Zucker zufügen. Zudecken und an einem temperierten Ort 8 Tage ruhen lassen.

Den Wein durch ein Sieb in eine hübsche Flasche füllen. Fest verschließen. Gekühlt servieren.

RAPHAËLLE
47 %

Fabrique de Produits Aromatiques
Jean Niel
FONDÉE EN 1779
GRASSE (FRANCE)
ESSENCE ANIS RECTIFIEE
Brut: 3.320
Tare: 0.320

FONDÉE EN 1832
MÉRO & BOYVEAU
GRASSE, FRANCE

Der Likör der Kartäusermönche

Die Legende des Chartreuse-Likörs beginnt wie ein Roman mit einer Geheimformel für ein »Lebenselixier«, das die Kartäusermönche von Paris vom Maréchal d'Estrées Anfang des 17. Jahrhunderts erhalten haben. Das Rezept, das bis 1735 sorgsam gehütet wurde, war einem Apotheker-Mönch aus dem Mutterkloster des Kartäuserordens bei Grenoble übergeben worden. Nach zahlreichen Änderungen hatte Bruder Maubec daraus einen Verdauungslikör hergestellt, der aus fast 130 verschiedenen Pflanzen bestand und als »Gesundheitslikör« bezeichnet wurde. So entstand 1764 der grüne Chartreuse-Likör.

Dieser Likör wurde als eine Medizin betrachtet. Er war nicht für den Verkauf vorgesehen. 1789 wurde das Kloster geschlossen und die Mönche in alle Welt zerstreut. Einige gingen nach Russland, andere nach Kanada. Das Rezept wurde dem Apotheker des Krankenhauses von Grenoble übergeben. Er verwendete es nicht weiter, übergab es aber dem Archiv des Innenministeriums.

Das Rezept geriet in Vergessenheit, bis es 1835 von Mönchen des Kartäuserklosters, die gerade ihre Kongregation reformiert hatten, wieder hervorgeholt wurde. Die Mönche begannen aufs Neue mit der Herstellung des grünen Kräuterlikörs. Offiziere, die sich 1838 in der Gegend aufhielten, kosteten den Likör. Sie fanden ihn so hervorragend, dass sie überall Werbung dafür machten. Von da an war dem Chartreuse-Likör ein durchschlagender Erfolg beschieden. 1903 ging er abermals ins Exil, als sich die Kartäuser in Tarragona, in Spanien, niederließen, kehrte 1935 aber in seine ursprüngliche Heimat zurück, an den Fuß des Chartreuse-Massivs, dorthin, wo der heilige Bruno sich einst zurückgezogen hatte. Heute ist der Chartreuse einer der bekanntesten Verdauungsliköre.

Sein Rezept bleibt ein Geheimnis. Nur zwei Mönche, die mit seiner Herstellung betraut sind, kennen die genaue Formel.

Die goldenen Äpfel

Bevor wir das Kloster verlassen, will Bruder Anthelme uns unbedingt noch etwas zeigen. Flotten Schrittes gehen wir zu einem Obstgarten, den wir noch nicht gesehen haben, und der in L-Form hinter dem Hauptgebäude angelegt ist. Das Gras wächst hier sehr dicht. Einige Spalierapfelbäume strecken ihre Äste gen Himmel. Sie sind in Papiersäcke gewickelt, die Äpfel reifen geschützt vor Insekten und Unwettern.

»Wir schützen sie nicht, um nicht der Versuchung des biblischen Apfels zu erliegen«, erklärt er lachend. Er nähert sich einem der Äpfel und lässt das Papier zwischen den Fingern rascheln.

»Diese Äpfel sind ein wahres Wunder. Sie reifen genau wie wir fernab von der Welt, in ihrer kleinen Zelle aus Papier. Jeder Apfel wächst genau nach seinem eigenen Rhythmus, ohne sich um die Nachbaräpfel zu kümmern. Alle Äpfel schöpfen ihre Kraft aus demselben Baum. Erst ganz zum Schluss werden sie das Licht erblicken.«

Er begleitet uns zum Tor. Als Abschiedsgruß ein kleines Zeichen mit dem Kopf, als wollte er sich entschuldigen, zu viel geredet zu haben, obwohl der Abt es ihm ausdrücklich gestattet hatte.

Denn in Kapitel 6 der Benediktsregel heißt es zur »Schweigsamkeit«: »Man soll der Schweigsamkeit zuliebe bisweilen sogar auf gute Gespräche verzichten.«

XI

ANHANG

STICHWORTVERZEICHNIS
REZEPTVERZEICHNIS

Stichwortverzeichnis

Rezeptverzeichnis

nach Produkten

Rezeptverzeichnis

gesamt

Danksagung

Richard Boutin und Gilles Laurendon danken den Brüdern, die sie in ihren Klöstern so großzügig aufgenommen haben und die ihnen die Fotoaufnahmen für dieses Buch ermöglicht haben. Ein ganz besonderer Dank geht an die Brüder der Abtei Notre-Dame d'Aiguebelle, der Abtei Notre-Dame de Lérins und der Abtei von Sénanque.

Wir danken Florence Beaujeux und Gwenaëlle Foeon, May Calmels, Philippe Froment (Domaine d'Eyguebelle), Robert Rubio Vincent, Jean Maison (Les Tisaniers), François Heynard, Bruder André-Jean, Bruder Gilles und Bruder Maria-Pâques (Notre-Dame de Lérins), Bruder Xavier, Bruder Anthelme, Bruder Laurent und Bruder Jean-Marie (Notre-Dame d'Aiguebelle), Schwester Rosalie und Schwester Célestine.

Garlone Bardel bedankt sich ganz herzlich bei den Künstlern und Geschäften für ihre wertvolle Unterstützung: bei den Keramikern Armelle Haüy, Astier de Villatte, Isabelle de Margerie, Florence Pailleau-Fradet, dem Glasbläser Joël Clesse und der Boutique Caravane.
Armelle Haüy: Seite 131, 135, 161,163, 185, 20, 237
Astier de Villatte: Seite 181 (www.astierdevillatte.com)
Isabelle de Margerie: Seite 227 (www.idemargerie.com)
Florence Pailleau-Fradet: Seite 225 (florence.paileau@free.fr)
Joël Clesse: Seite 83, 229, 243, 259
Caravane: Seite 31, 59, 81, 191, 207 (www.caravane.fr)

Die Autoren

Laurence Laurendon und *Gilles Laurendon* sind Schriftsteller, Bewunderer von Hildegard von Bingen und praktizieren selbst das Heilen mit Steinen und Blütenessenzen. Sie befassen sich mit Naturheilkunde und teilen die Leidenschaft für das Kochen und Reisen durch die Jahrhunderte und durch alle Erdteile. Sie leben in der Bretagne. Ihre Bücher wurden mit vielen Preisen ausgezeichnet und in mehr als zwanzig Ländern verkauft.

Der Fotograf *Richard Boutin* ist spezialisiert auf die Bereiche Food, Lifestyle und Interior Design. Er arbeitet für Magazine und Verlage.

Die Originalausgabe dieses Buches ist unter dem Titel »Recettes & Secrets des Monastères« 2011 bei Hachette Livre (Marabout), Paris, erschienen.

Aus dem Französischen übersetzt von Barbara Buchwalter.

Zitate aus der Benediktinerregel folgen größtenteils der »Regula Benedicti« in Deutsch und Latein des Stifts Melk (www.stiftmelk.at).

AT Verlag, Aarau und München
Fotos: Richard Boutin
Gestaltung: Garlone Bardel
Illustrationen: Nicole Heidaripour
Druck und Bindearbeiten: Estella Graficas, Spanien
Printed in Spain

ISBN 978-3-03800-719-7

www.at-verlag.ch